MensSana

Von Erich Bauer sind bei Knaur ebenfalls erschienen:
Alles über das Sternzeichen Widder
Alles über das Sternzeichen Stier
Alles über das Sternzeichen Zwillinge
Alles über das Sternzeichen Krebs
Alles über das Sternzeichen Löwe
Alles über das Sternzeichen Jungfrau
Alles über das Sternzeichen Waage
Alles über das Sternzeichen Schütze
Alles über das Sternzeichen Steinbock
Alles über das Sternzeichen Wassermann
Alles über das Sternzeichen Fische

Über den Autor:
Erich Bauer, geb. 1942, von der BILD-Zeitung zu Deutschlands »Kultastrologen« erhoben, sagt täglich Millionen Menschen, wie der Mond steht und was er bewirkt. In diesem Buch geht er ins Detail und verrät die günstigsten Zeitpunkte.
Er ist Chefastrologe der weltweit größten Astrologie-Zeitschrift »Astrowoche«, bekannt durch regelmäßige astrologische Beiträge in Zeitschriften, Radio und im Fernsehen und Verfasser zahlreicher Veröffentlichungen über Astrologie und verwandte Themen. Erich Bauer betreibt eine eigene astrologisch-therapeutische Praxis in München und führt astrologische Seminare und Einzelsitzungen durch.

Erich Bauer

Alles über das Sternzeichen

SKORPION

24. 10. – 22. 11.

MensSana

Besuchen Sie uns im Internet: www.knaur.de
Alle Titel aus dem Bereich MensSana finden Sie im Internet unter
www.mens-sana.de

Überarbeitete Neuausgabe November 2010
Knaur Taschenbuch. Ein Unternehmen der Droemerschen Verlagsanstalt
Th. Knaur Nachf. GmbH & Co. KG, München

Redaktion: Ralf Lay
Abbildungen: Erich Bauer
Umschlaggestaltung: ZERO Werbeagentur, München
Umschlagabbildung: FinePic®, München
Satz: Wilhelm Vornehm, München
Druck und Bindung: CPI – Clausen & Bosse, Leck
Printed in Germany
ISBN 978-3-426-87520-9

2 4 5 3 1

Skorpion

24. Oktober bis 22. November

DIE FAKTEN

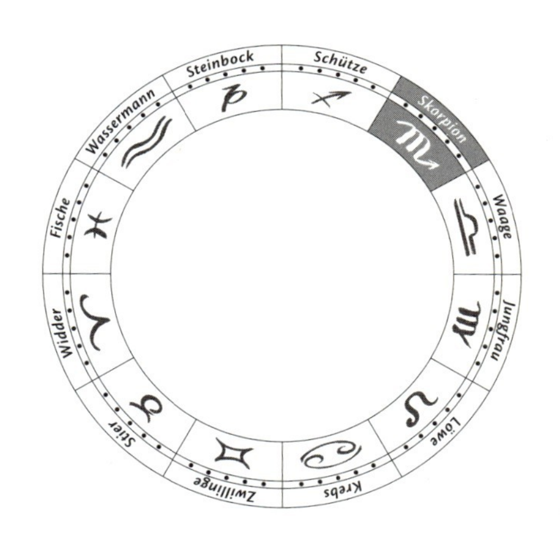

Element *Wasser*
Der Urstoff allen Lebens. Gefühl statt Vernunft.

Qualität *Fix*
Verharrend, bindend, verschmelzend, einnehmend, aufnehmend, auflösend, bewahrend.

Polung *Minus*
Weiblich, Yin, passiv, nach innen.

Symbolik Das Tier *Skorpion* als Zeichen des Urhaften, Animalischen und Triebhaften.

Zeitqualität *24. Oktober bis 22. November*
Fortschreitendes »Vorherrschen« der Nachtseite. »Vergehen« der Natur.

Herrscherplanet *Pluto*
Der Gott der Unterwelt.

Stärken

Furchtlos, unergründlich, solidarisch, energisch, leidenschaftlich

Reiseziele

Stadt München, Dover, Washington

Land Lappland, Syrien, Marokko

Landschaft Dschungel, Schluchten

Magische Helfer

Farbe Schwarz oder Rot

Stein Schwarzer Edelopal

Baum Feige

Tier Schlange

Duft Moschus

Die Persönlichkeit

10 Durchsetzung
5 Besitzstreben
1 Kontakt
7 Familie
3 Genuss
9 Pflicht
8 Liebe
10 Bindung
5 Ideale
8 Ehrgeiz
2 Originalität
7 Transzendenz

Inhalt

Teil II – Die ganz persönlichen Eigenschaften

Vorwort

Astrologie ist eine wunderbare Sache
Sie verbindet den Menschen mit dem Himmel, richtet seinen Blick nach oben in die Unendlichkeit. Vielleicht steckt hinter dem Interesse an ihr zutiefst die Sehnsucht nach unserem Ursprung, unserem Zuhause, nach Gott oder wie immer man das Geheimnisvolle, Unbekannte nennen will.

Astrologie ist uralt und trotzdem hochaktuell
Die ersten Zeugnisse einer Sternenkunde liegen Tausende von Jahren zurück. Und dennoch ist sie brandneu. Es scheint, als hätte sie nichts von ihrer Faszination verloren. Natürlich hat sich die Art und Weise astrologischer Beschäftigung verändert. Während früher der Astrologe noch persönlich in den Himmel schaute, studiert er heute seinen Computerbildschirm. Damals konnte man nur von einem Kundigen eingeweiht werden, heute finden sich beinahe in jeder Zeitung astrologische Prognosen.

Astrologie ist populär
Jeder kennt die zwölf Tierkreiszeichen. Man kann eigentlich einen x-beliebigen Menschen auf der Straße ansprechen und ihn nach seiner Meinung fragen: Er weiß fast immer Bescheid, sowohl über sein eigenes Sternzeichen als auch über die meisten anderen. Die zwölf astrologischen Zeichen sind Archetypen, die im Unterbewusstsein ruhen und auf die man jederzeit zurückgreifen kann.

Astrologie schenkt Sicherheit
Der Einzelne findet sich eingebettet in einer gütigen und wohlwollenden Matrix, ist aufgehoben, hat seinen Platz, so wie auch alle anderen ihren Platz haben.

Astrologie kann gefährlich sein

Die Astrologie liefert ein perfektes System. Konstellationen, die sich auf Bruchteile von Sekunden berechnen lassen, blenden und machen glauben, man habe es mit einer exakten Wissenschaft zu tun. Genau das ist aber falsch. Die Astrologie ist viel eher eine Kunst oder eine Philosophie. Ihre Vorhersagen sind immer nur ungefähr, zeigen eine Möglichkeit, sind aber kein Dogma. Astrologen wie Ratsuchende driften, wenn sie nicht achtgeben, leicht in eine Pseudowelt ab. In ihr ist zwar alles in sich stimmig, doch es fehlt am validen Bezug zur Wirklichkeit.

Ich bin Astrologe aus Passion

Ich lebe in dieser Welt, aber ich weiß auch, dass sie nicht alles offenbart. Ich freue mich, die Gestirne als Freunde zu haben, und glaube, dass ich so mein Schicksal gütig stimme. Das ist eine Hoffnung, kein Wissen.

Ich wünsche Ihnen beim Lesen Spaß und Spannung – und dass Sie sich selbst und andere besser verstehen.

Erich Bauer, im Frühjahr 2010

Einleitung: Eine kurze Geschichte der Astrologie

Am Anfang jeder Geschichte der Astrologie steht das Bild des nächtlichen, mit Sternen übersäten Himmels. Der Mensch früherer Zeiten hat ihn sicher anders erlebt als wir. Er wusste nichts von Lichtjahren und galaktischen Nebeln. Er erschaute das Firmament eher vergleichbar einem Kind. Und als Kind der Frühzeit sah er sich nicht, wie wir heute, als getrennt von diesem Himmel, sondern als eins mit ihm. Er fand sich in allem und fand alles in sich. Und er folgte dem Rhythmus dieses großen Ganzen, ähnlich wie ein Kind seiner Mutter folgt. Dabei fühlte er sich wohl getragen und geborgen.

Wann die Menschheit anfing, sich aus diesem Gefühl der Allverbundenheit zu lösen, ist schwer zu sagen. Die überlieferten Zeichen sind rar und rätselhaft. Aber als der Homo sapiens begann, die Sterne zu deuten, war er dem großen Ozean seit Äonen entstiegen, er sah sich und den Himmel längst als getrennte Einheiten. Doch kam es irgendwann dazu, dass der Mensch Beziehungen zwischen den Sternbildern und dem Leben auf der Erde wiederentdeckte, deren Kenntnis er eigentlich schon immer besaß. Beispielsweise erlebte er, dass ein Krieg ausbrach, während am Himmel ein Komet auftauchte und die normale Ordnung der Sterne störte. Oder er empfand großes Glück, während sich am Firmament zwei besonders helle Lichter trafen. Er begann solch auffällige Lichter mit Namen zu versehen: »Helios« beispielsweise oder »Jupiter«, »Mars« oder »Venus«. Er ging sogar dazu über, bestimmte Sterne als Gruppen (Sternbilder) zusammenzufassen und ihnen Namen zu geben, etwa »Widder« oder »Großer Wagen«. Immer wieder beobachtete er typische Gestirnskonstellationen, die parallel zu markanten Ereignissen auf der Erde auftraten. Nach den Gesetzen der Logik entwickelte er aus diesen Zusammenhängen mit der Zeit eine Wissenschaft, die Astrologie, die ihm zum Beispiel die Schlussfolgerung erlaubte, dass auf der

Erde Gefahr droht, wenn Mars in das Tierkreiszeichen Skorpion eintritt. So fand der Mensch allmählich seine verlorene Einheit wieder und baute eine Brücke, die ihn mit seinem Urwissen verband, das er im Inneren seiner Seele aber nie wirklich verloren hatte.

Der Ursprung

Die Urheimat der Sternkunde war nach heutigem Erkenntnisstand Mesopotamien, das Land zwischen den Flüssen Euphrat und Tigris, das jetzt »Irak« heißt. Dort war der menschliche Geist wohl am kühnsten und vollzog als Erster endgültig die Trennung zwischen Mensch und Schöpfung. Die Sterne am Himmel bekamen Götternamen, etwa den des Sonnengotts Schamasch und der Göttin Ischtar, die auch als Tochter der Mondgöttin verehrt wurde und die sich als leuchtender Venusstern offenbarte. Da der Mond, die Sonne und einige andere Lichter im Vergleich zu den Fixsternen scheinbar wanderten, nannte man diese Planeten »umherirrende« oder »wilde Schafe« und unterschied sie von den »festgebundenen« oder »zahmen Schafen« – den Fixsternen, die vom Sternbild Orion, dem »guten Hirten«, bewacht wurden. Der größte Planet des Sonnensystems, mit heutigem Namen »Jupiter«, war im Land zwischen den zwei Strömen ein Sinnbild des Schöpfergottes Marduk. Sein Sohn und Begleiter hieß »Nabu« und wurde später zu »Merkur«. Das rötlich funkelnde Gestirn Mars wiederum war die Heimat des Herrn der Waffen, der genauso als Rachegott angesehen wurde. Saturn war ebenfalls bereits entdeckt worden und wurde als eine »müde Sonne« betrachtet. Außerdem galt Saturn als Gott der Gerechtigkeit, Ordnung und Beständigkeit. Gemeinsam mit anderen Göttern erhob sich schließlich der Rat der zwölf Gottheiten, und damit hatten auch die zwölf verschiedenen astrologischen Prinzipien ihren Auftritt. Zu all diesen Erkenntnissen kam man im Zweistromland etwa zwischen dem 7. und 4. vorchristlichen Jahrhundert.

Man hat Tafeln aus dem 2. Jahrhundert vor Christus gefunden, auf denen Beobachtungen über den Lauf von Sonne, Mars und Venus eingezeichnet waren. Auch Zeugnisse von ersten Geburtshoroskopen stammen aus dieser Zeit. Im Jahr 1847 wurden bei den Ruinen von Ninive 25 000 Tontafeln ausgegraben. Man datierte sie ins Jahr 600 vor Christus. Auf einem Teil dieser Tafeln befinden sich Weissagungen, die, mit etwas Zeitgeist aufgefrischt, ohne weiteres der astrologischen Seite einer modernen Tageszeitung entstammen könnten: »Wenn Venus mit ihrem Feuerlicht die Braut des Widders beleuchtet, dessen Schwanz dunkel ist und dessen Hörner hell leuchten, so werden Regen und Hochflut das Land verwüsten.«
Das ist eine »professionelle« astrologische Vorhersage. Damit war Spezialistentum an die Stelle einer ganzheitlichen Naturerfahrung getreten. Denn inzwischen hatte nur der fachkundige Astrologe die Zeit und das Wissen, den Himmel zu studieren, um daraus Rückschlüsse auf die Ereignisse im Weltgeschehen zu ziehen. Bald musste dieser Fachmann auch nicht einmal mehr den Himmel selbst beobachten. Spätestens im 1. Jahrhundert vor Christus gab es Ephemeriden. Das sind Bücher, aus denen die Stellung der Gestirne zu jeder beliebigen Zeit herausgelesen werden kann. Die Astrologie, wie sie auch heute noch betrieben wird, war damit endgültig geboren.

Die Blüte

In den nun folgenden anderthalbtausend Jahren erlebte die Astrologie eine Blütezeit kolossalen Ausmaßes. Dafür steht ein so bedeutender Name wie Claudius Ptolemäus. Er lebte im 2. Jahrhundert nach Christus und vertrat das geozentrische Weltbild mit der Erde im Mittelpunkt, auf das sich die Menschheit nach ihm noch länger als ein Jahrtausend beziehen sollte. Er war Geograph, Mathematiker und ein berühmter Astrologe und Astronom, der das bis in unsere Zeit fast unveränderte Regelwerk der Astrologie verfasste, den *Tetrabiblos*, welcher aus vier Büchern besteht. Darin riet er zu einer sorgfältigen Gesamtschau des Geburtshoroskops. Er erwähnte auch, dass man bei der Beurteilung eines Menschen ebenso dessen Milieu und Erziehung berücksichtigen solle, was einer modernen ganzheitlichen psychologischen Betrachtungsweise entspricht.

Eine spätere Berühmtheit in der Geschichte der Astrologie war Philippus Theophrastus Bombastus von Hohenheim (1493–1541), der sich selbst stolz »Paracelsus« nannte. Er war Arzt, Alchemist sowie Philosoph, und von ihm stammt jener von Astrologen so viel zitierte Satz: »Ein guter Arzt muss immer auch ein guter Astronomus sein.« Dazwischen lebte der Bischof Isidor von Sevilla (560–636). Er schrieb, ein Arzt solle immer auch sternkundig sein. Erwähnt werden muss natürlich die berühmte weibliche Vertreterin einer sternenkundigen Heilkunst Hildegard von Bingen (1098–1179). Sie war fasziniert von den Analogien zwischen Himmel und Erde, sammelte Kräuter, pflanzte sie im Klostergarten an und schrieb über die Wirkung der Mondphasen. Sicher war die heilige Hildegard nicht der einzige weibliche astrologisch denkende Mensch. Aber ihr Name sei hier stellvertretend genannt für all die Frauen, die als Tempelpriesterinnen, Nonnen und angebliche Hexen ihr ganzheitliches Wissen über die Jahrhunderte hinweg weitergegeben haben.

Bis ins 16. Jahrhundert dauerte die Hoch-Zeit der Astrologie. Beinahe alle angesehenen Denker – wie Platon und Aristoteles im Altertum, Naturwissenschaftler wie Nikolaus Kopernikus (1473–1543), Johannes Kepler (1571–1630) und Galileo Galilei (1564–1624) – dachten astrologisch und berechneten auch Horoskope. Am bekanntesten ist das von Kepler angefertigte Horoskop Wallensteins aus dem Jahr 1608. Die Astrologie wurde an den Universitäten gelehrt, und auch viele Bischöfe und einige Päpste förderten die Sternkunde. Wie es heute selbstverständlich ist, dass ein Naturwissenschaftler Einsteins Relativitätstheorie kennt und versteht, so war damals jeder denkende Kopf in der Astrologie bewandert.

Der Niedergang

Bereits Ende des 16. Jahrhunderts hatte die Astrologie ihren guten Ruf in vielen Ländern Europas verloren. Es gab päpstliche Anordnungen wie die Bulle »Constitutio coeli et terrae« von 1586, in der ein Verbot der Astrologie ausgesprochen wurde, und die meisten Universitäten schafften ihren Lehrstuhl für Astrologie ab.

Worauf war dieser rapide Niedergang zurückzuführen? Es gibt sicher zahlreiche Gründe. Der wichtigste ist, dass sich der menschliche Geist von den Fesseln tradierter Vorstellungen zu befreien begann. Er löste sich mit der Reformation von Rom und später mit der Französischen Revolution von seinen königlichen und kaiserlichen »Göttern«. Da war es nur konsequent, sich auch von den »Göttern am Himmel« loszusagen. Der zweite Grund war der, dass sich im Lauf der Zeit grobe Fehler astrologischer Vorhersagen herumsprachen. So hatte es wohl keine Prophezeiung gegeben, die den Dreißigjährigen Krieg oder die Pest rechtzeitig in den Sternen sah. Der dritte Grund wird häufig von den professionellen Astrologen angeführt. Sie behaupten, dass die falschen Propheten, also die unseriösen Astrologen, der wahrhaften Sterndeutekunst das Aus brachten. Eine Kunst wie die Astrologie lockt natürlich auch faustische Gestalten an, die davon besessen sind, dem Schicksal einen Schritt voraus zu sein. Solche Schwarmgeister und falschen Propheten haben der Astrologie bestimmt geschadet, besonders auch, weil durch die Erfindung der Buchdruckerkunst jede noch so törichte Prophezeiung in einer hohen Auflage verbreitet werden konnte. Aber den guten Ruf der Astrologie haben letztlich auch sie nicht ruiniert.

Nein, es waren die Astrologen selbst. Als im 16. und 17. Jahrhundert durch immer neue Entdeckungen die Erde ihre zentrale Stellung verlor und sich ein völlig neues naturwissenschaftliches Verständnis durchsetzte, versuchte die Astrologie mitzuhalten und verlor wegen ihrer unhaltbaren Thesen jeden Kredit in den gelehrten Kreisen. Schon Kepler, der seiner Zeit um Jahrzehnte voraus war, hatte die Astrologen gewarnt und ihnen geraten, ihre Kunst nicht auf einen naturwissenschaftlichen, sondern auf einen philosophischen Boden zu stellen. Er sagte, es sei unmöglich, zu denken, dass die Sterne mittels irgendwelcher Strahlungen die menschliche Seele berühren könnten. Er sprach in diesem Zusammenhang von einem astrologischen Instinkt, der im menschlichen Geist verankert sei. Aber sein »psychologischer Ansatz« wurde überhört und ging schließlich völlig unter. Die Astrologen sahen sich im Gegenteil dazu veranlasst, immer hanebüchenere »wissenschaftliche« Thesen aufzustellen. Die Folge war ein gewaltiges Gelächter der gesamten gelehrten Welt im 17. Jahrhundert, das bis heute noch nicht verklungen ist.

Der Neubeginn

Erst im 19. und dann besonders im 20. Jahrhundert besann sich der Mensch wieder vermehrt seiner fernen Vergangenheit. Der Schweizer Psychiater C. G. Jung etwa sagte, dass die Astrologen endlich darangehen müssten, ihre Projektionen, die sie vor Jahrtausenden an den Himmel geworfen hätten, wieder auf die Erde zurückzuholen. In jeder menschlichen Seele seien die Kräfte der astrologischen Archetypen, der archaischen Urbilder, enthalten und dort wirksam. So wird der Raum am Himmel mit den Zeichen und Planeten zu einer Landkarte menschlicher Anschauung. Dabei ist es nicht so, dass zum Beispiel der Planet Mars die Geschicke *bestimmt*, sondern er *zeigt* durch seine Position den Gesetzen der Analogie folgend *auf*, was in der menschlichen Seele vor sich geht.

Nach seiner jahrtausendelangen Reise heraus aus der Allverbundenheit hat der Mensch also begonnen, den Bezug zu seinen Ursprüngen wiederherzustellen. Er besinnt sich als kritischer und freier Geist darauf, was schon immer in ihm vorhanden war. Damit beginnt die Ära einer psychologischen oder philosophischen Astrologie. Und das ist auch die Geburtsstunde einer Astrologie, die ganzheitlich denkt und arbeitet.

In etwa parallel zu dieser allmählichen Hinwendung zur Psychologie und Philosophie übernahmen Computer mit entsprechender Software den komplexen Rechenvorgang zur Erstellung eines Geburtshoroskops. Bis vor vielleicht zehn, zwanzig Jahren gehörte es zum Standardkönnen eines jeden Astrologen, Horoskope zu berechnen und zu zeichnen. Dies ist sehr wahrscheinlich einer der Gründe, warum Frauen unter den Sterndeutern damals deutlich in der Minderzahl waren. Es ist einfach nicht ihr Metier, sich mit trockenen Zahlen und komplizierten Berechnungen herumzuschlagen, wo es doch um seelische Vorgänge geht – und diese Feststellung ist in keiner Weise abwertend gemeint, denn heute sind Frauen unter den Astrologen bei weitem in der Überzahl.
Der PC spuckt nach Eingabe von Name, Geburtsdatum, -ort und -zeit in Sekundenschnelle das Horoskop aus. Die astrologische Kunst scheint jetzt »nur« noch darin zu bestehen, die Konstellationen richtig zu deuten. Und auch hier ersetzt der Computer mehr und mehr den Astrologen. Es gibt schon seit einigen Jahren Programme, die mit entsprechenden Textbausteinen zu bemerkenswert treffenden Aussagen kommen. Ist dies nun das Ende der Sterndeuter? Ich meine: im Gegenteil! Überlassen wir dem »Computer-Astrologen« ruhig die Grundarbeit. Das spart Zeit. Dafür kann der »Mensch-Astrologe« die einzelnen Fakten im Sinne einer ganzheitlichen Schau zusammentragen und sich völlig dem Verständnis der einmaligen, individuellen Persönlichkeit widmen. Ebendafür ist ein großes Maß an Intuition, die ja gerade eine weibliche Stärke ist, mit Sicherheit von Vorteil.

Teil I
Das Tierkreiszeichen

Wichtiges und Grundsätzliches

Die Erde dreht sich bekanntlich einmal im Jahr um die Sonne. Von uns aus gesehen, scheint es aber so zu sein, dass die Sonne eine kreisförmige Bahn um die Erde beschreibt. Der Astrologie wird vielfach vorgeworfen, sie ignoriere diesen grundlegenden Unterschied. In Wirklichkeit ist er für die astrologischen Horoskopdeutungen jedoch nicht von Bedeutung.
Diesen in den Himmel projizierten Kreis nennt man »Ekliptik«. Die Ekliptik wird in zwölf gleich große Abschnitte gegliedert, denen die Namen der zwölf Stern- bzw. Tierkreiszeichen zugeordnet sind. Zwischen 24. Oktober und 22. November durchläuft die Sonne gerade den Abschnitt Skorpion, weswegen dieses Tierkreiszeichen auch das »Sonnenzeichen« genannt wird.
Beginnen wir jetzt mit der Betrachtung des Sonnen- oder Tierkreiszeichens, dem dieser Band gewidmet ist, um zunächst einmal herauszufinden, was denn nun »typisch Skorpion« ist.

Wie wird man ein Skorpion?

Kinder des Himmels

Wer Anfang Juni um Mitternacht in südlicher Richtung in den Himmel blickt, sieht sehr nah am Horizont ein Gewirr von Lichtern. In der Mitte flackert ein rötlicher Stern. Sein Name ist »Antares« oder »Gegenmars«. Die moderne Astronomie hat entdeckt, dass dieser Stern unvorstellbare Dimensionen besitzt. Sein Durchmesser ist dreihundertmal so groß wie jener der Sonne, und seine Helligkeit beträgt sogar das Zweitausendfache des Sonnenlichts. Das Sternengebilde um diesen gigantischen Himmelskörper heißt »Skorpion«.
Wer sich lange genug von der faszinierenden Welt der Sterne berühren lässt und sich seiner Phantasie nicht verschließt, erahnt am nächtlichen Himmel vielleicht zwei Krallen und mehrere Beine, einen langgestreckten Körper mit dem Stern Antares am

Kopf und einen weit zurückgebogenen Stachel. Möglicherweise spürt der Betrachter eine Mischung aus Ehrfurcht und Staunen: Er befindet sich einem gigantischen Wesen mit rötlich glühendem Auge gegenüber – er steht im Bann des Skorpions.

Kinder ihrer Jahreszeit

Ende Oktober feiert die Natur ihr großartiges Finale. Wie im Mai erglühen die Bäume, aber das tiefe Rot und das stechende Gelb der Blätter verkünden keinen Neubeginn, sondern das Ende. Der leiseste Windhauch genügt, und die Blätter lösen sich vom Baum, tanzen durch die Luft, bis sie raschelnd den Boden berühren. Manchmal legt sich dichter Nebel wie ein nasses Tuch über die Erde und erstickt jeden Laut. Das Lied der Vögel ist verstummt; nur das heißere Krächzen der Krähen bleibt. Zuweilen vergoldet die Sonne das Land, und die Natur erstrahlt in einem orgiastischen Farbenrausch. Es ist ein letztes Fest – eine letzte, tiefe Hingabe –, ein Liebeslied an den Tod.

Kinder der Kultur

Ende November werden die letzten Felder gepflügt, und das späte Obst wird geerntet. Dann ist die Arbeit draußen auf dem Feld getan. Die letzten Herbstfeuer mischen sich am Abend mit dem aufkommenden Nebel. Auf den Höfen beginnt eine andere wichtige Arbeit: Die Großtiere wie Kälber, Rinder, Schafe, Ziegen und Schweine stehen jetzt so weit im Fleisch, dass man sie schlachten kann. Auch die Witterung spielt eine Rolle – wenigstens war das so zu Zeiten, als noch keine Gefriertruhen vorhanden waren: Jetzt erst bleibt die Temperatur so kühl, dass nicht alles wie im Sommer sofort verdirbt. Denn das meiste Fleisch wurde getrocknet, geräuchert, gesalzen oder eingelegt als Wintervorrat aufgehoben. Zu den Schlachtschüsselfesten wurden Nachbarn und Freunde eingeladen. Wer eingedicktes Blut vom Schwein oder gar einen frisch gebratenen Hoden eines Hammels erwischte, war – so die Überlieferung – gegen den kommenden Winter gut gefeit.

Am 24. Oktober ist der Festtag des Erzengels Raphael. Er soll vor Krankheit und dem Bösen schützen. Am 1. November ist Allerheiligen und am folgenden Tag Allerseelen. Auf den Friedhöfen gedenkt man der Toten und stellt »ewige Lichter« auf. Dieser Brauch hat heidnische Wurzeln, denn nach altem Volksglauben steigen in den Novembernächten die unerlösten Toten aus ihren Gräbern auf. Die Lichter dienen als magische Schutzkreise und sollen diese unglücklichen Seelen daran hindern, den Friedhof zu verlassen. In den Nordländern stellte man zusätzlich Speisen auf die Gräber, um die Toten zu besänftigen und dort zu halten, wo sie hingehören.

Dem Schutz des Lebens vor der Dunkelheit gelten auch die Umzüge der Bauern am 6. November, dem Sankt-Leonhards-Tag. Bis in unsere Zeit hinein werden an diesem Datum Kapellen umritten, die auf einer einsamen Anhöhe stehen und sicher einmal heidnische Kultplätze waren. Auch der Brauch, am 11. November, dem Sankt-Martins-Tag, eine Gans zu schlachten, hat heidnische Wurzeln: Die weise Gans galt als Symbol des Lichts. Ihr Opfer sollte die Dunkelheit besänftigen. An selbigem Tag verschwindet im Norden die Sonne für ungefähr drei Monate unter dem Horizont.

Erstaunlicherweise ist mitten im Monat des Skorpions Faschingsbeginn, genau am 11. 11. um 11.11 Uhr. Die Beziehung zum elften

Zeichen, dem Wassermann, ist eindeutig, aber auch beabsichtigt? Will man in diesem dunklen Abschnitt des Sterbens einen Fingerzeig der Hoffnung auf eine andere, ausgelassenere Zeit setzen? Auch die jahreszeitlichen Feiern anderer Kulturen beziehen sich auf Tod und Vergänglichkeit. In Athen hielt man Totenfeiern ab, und in Rom wurde das Oktoberreiten durchgeführt. Dabei opferte man das Pferd, das den Siegeswagen auf der rechten Seite zog.

Kinder der Tierwelt

Der Skorpion gehört zu den ältesten Spinnentieren. Sein Hinterleib besteht aus dreizehn Gliedern, und am letzten befindet sich der giftige Stachel. Der Kopf- und Brustteil ist ähnlich dem Krebs gepanzert, hat Scheren und vier Paar Fühler. Skorpione sind nächtliche, wärmeliebende Tiere, die ihrer Beute – Insekten und Spinnen – stundenlang auflauern, um sie dann blitzartig mit ihren Scheren zu umklammern und mit ihrem giftigen Stachel zu töten. Das Gift mancher tropischer Arten ist auch für den Menschen tödlich.
Von Skorpionen geht ähnlich wie von Schlangen eine eigenartige Faszination aus. Man fürchtet sich und ist dennoch zugleich angezogen und fasziniert. Außerdem ranken sich um dieses Tier Mythen und bestimmt auch viele Märchen. So erzählt eine griechische Sage, dass die Erdenmutter Gaia den großen Jäger Orion von einem gigantischen Skorpion töten ließ. Am Himmel liegen sich daher die Sternbilder Orion und Skorpion genau gegenüber.
Immer wieder wird auch auf den Liebestanz sich paarender Skorpione verwiesen, der sich manchmal über Tage hinziehen soll und bei dem sich beide Tiere völlig verausgaben. Hartnäckig hält sich ebenso das Gerücht, dass sich Skorpione, wenn sie sich in die Enge getrieben fühlen, selbst töten. Aus südlichen Ländern hört man, ein plötzlich auftauchender Skorpion verkünde den Tod eines Menschen, und die Zahl Dreizehn bringe Unglück, weil auch der Skorpion aus dreizehn Gliedern besteht. Ebenso berichtet man Folgendes: Wird der Skorpion alt, soll er sich selbst töten. Gleich-

zeitig sagt man, er sei eigentlich ein unsterbliches Wundertier. In Zauberbüchern wird verkündet, das Pulver getrockneter Skorpione verleihe Potenz und ein Schwert, dessen Spitze in das Blut eines Skorpions getaucht worden sei, zerbreche niemals.

Der Geheimnisvolle

Fragt man Menschen nach ihrem Tierkreiszeichen, verrät manchmal schon die Art und Weise, wie sie antworten, etwas über ihren Sonnenzeichencharakter. Wenn Sie zum Beispiel einen typischen Widder fragen, wittert dieser sofort eine Herausforderung, eine Chance, sich zu messen: »Raten Sie doch einfach«, wird er vielleicht kontern. Ganz anders ein waschechter Löwe. Wahrscheinlich wirft er sich auf Ihre Frage hin sofort in Pose, streicht sich womöglich noch übers Haar und sagt: »Das sieht man doch!« Eine Jungfrau hingegen schämt sich in der Regel ein wenig ihres Tierkreiszeichens. Eine typische Antwort könnte daher lauten: »Ich bin Jungfrau, doch mein Aszendent ist viel besser!« Oder: »Ich bin Jungfrau, aber ich halte nichts von Astrologie!«
Wenn Sie einen Skorpion fragen, können Sie zwei typische Antworten erhalten: Der oder die Befragte bekommt entweder einen mysteriösen Blick und sagt: »Das werden Sie nie erraten!« Oder er sieht Sie durchdringend an, so als wolle er bis in Ihr Innerstes schauen, und antwortet mit einer Gegenfrage: »Wozu möchten Sie das denn wissen?« In beiden Antworten offenbart sich die »skorpionische« Eigenart – und jeder dieser Entgegnungen liegt eigentlich das gleiche Wesensmerkmal zugrunde: nämlich dass ein Skorpion niemals die Dinge so nimmt, wie sie sind. »Das werden Sie nie erraten!« meint eigentlich, der Skorpion geht davon aus, dass das, was man von ihm sieht, nicht sein Wesen trifft, er also in Wirklichkeit ganz anders ist. Und die Gegenfrage »Wozu möchten Sie das wissen?« unterstellt, man möchte eigentlich etwas anderes erfahren als lediglich den Namen des Tierkreiszeichens.
Was den Skorpion interessiert, ist der Hintergrund, und das natürlich nicht nur in Hinblick auf das eigene Tierkreiszeichen. Immer

forscht er nach dem eigentlichen, wesentlichen Kern. Der Schein interessiert ihn keinen Deut. Wenn er etwa einen Menschen beschreibt, wird er sich nicht mit Äußerlichkeiten wie Größe, Augenfarbe oder Statur abgeben, sondern gleich sein Wesen zum Thema machen, ihn vielleicht als leidenschaftliche Person oder als Niete charakterisieren. Spricht er über einen Film, schildert er nicht die Abfolge der einzelnen Szenen, sondern die Essenz des Werks.

Hier, wo es um sein Tierkreiszeichen geht, muss daher auch weit ausgeholt werden, will man dem »skorpionischen« Prinzip Genüge tun. Beginnen wir daher ganz am Anfang, sozusagen beim Punkt null, fangen wir an beim übergreifenden Ganzen, in das der Skorpion eingebettet ist, in den Tierkreis (Zodiak).

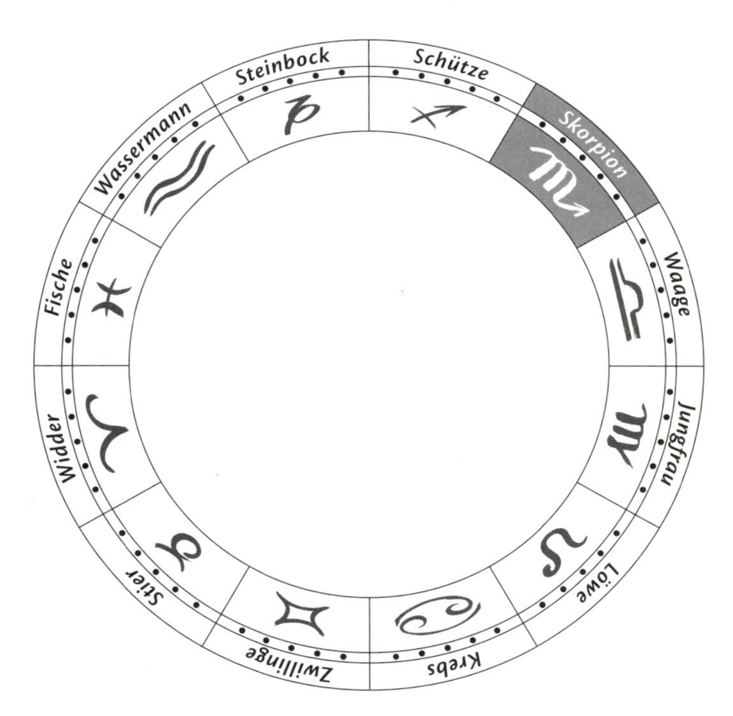

Wer nicht stirbt, bevor er stirbt ...

Alles beginnt mit dem Symbol des Widders. Er steht am Anfang, und er symbolisiert tatsächlich einen Neubeginn. Stellen Sie sich ein Ei vor, das gerade aufbricht, aus dessen Innerem sich ein neues Wesen mit aller Kraft nach außen, hinaus ins Leben drängt. Dann bricht die Schale, das neue Lebewesen nimmt seinen ersten tiefen Atemzug und beginnt den Raum zu erobern. All das gehört zum Tierkreiszeichen Widder: aufbrechen, sich ausdehnen, erobern, einnehmen.

Irgendwann wird unser Neugeborenes vielleicht einen bestimmten Platz als seinen eigenen erleben und versuchen, ihn durch entsprechende Vorkehrungen wie Markierungen oder Abgrenzungen zu seinem Revier, seinem Eigentum zu erklären. Damit haben wir das zweite astrologische Prinzip, nämlich Stier, kurz beschrieben: absichern, Fuß fassen, Raum nehmen, schützen, bewahren, sammeln, aneignen, besitzen.

Das dritte Prinzip, Zwillinge, wirkt in dem Augenblick, in dem unser symbolisches Wesen in seiner Entwicklung anfängt, andere Lebewesen wahrzunehmen und mit ihnen Kontakt aufzunehmen. Eine erste soziale Realität entsteht. Sie ist getragen von der reinen Kenntnisnahme der Fakten wie: »Ich bin so, und du bist anders, und der dort ist nochmals ganz anders als wir beide.«

Mit dem vierten Zeichen, dem Krebs, beginnt eine neue Seinsebene: Sie handelt von der Eroberung und Erforschung des inneren Raums. Krebs ist wie Skorpion ein Wasserzeichen. Als erstes Wasserzeichen im astrologischen Tierkreis ist es sozusagen eine Vorstufe des später folgenden Zeichens Skorpion und muss daher etwas ausführlicher besprochen werden. Man kann sagen, der Mensch, der sich bisher das Feuer (Widder) zu eigen gemacht, dann sich die Erde (Stier) angeeignet und zuletzt das Element Luft (Zwillinge) erobert hat, steht im Abschnitt Krebs vor dem Wasser. Begibt er sich hinein, betritt er das geheimnisvolle Reich, in dem die Seele wohnt. Er beginnt eine Reise in sein Inneres, ins Land der Träume, Mythen und Märchen und damit ins Reich der Flüchtigkeit.

»Wasser« steht in der Astrologie für innerpsychische Vorgänge, für das Seelische schlechthin. So wie Wasser – und jetzt ist das wirkliche Wasser gemeint – jede Form annimmt, so ist das Seelische eine Reaktion auf äußere Vorgänge, die von »himmelhoch jauchzend« bis »zu Tode betrübt« reichen kann: Man sieht einen Menschen, den man mag, und freut sich. Oder man wird kritisiert – und Ärger steigt hoch. Der »Seelenstoff Wasser« ist aber nicht nur reaktiv, sondern kann aus sich selbst heraus Unglaubliches bewirken. Man denke nur an die Stimmungen, die verzweifelt und glücklich machen können, ohne dass eine äußerliche Ursache erkennbar wäre. All dies, sozusagen das emotionale oder das Innenleben der Menschen, ist Thema des Wasserzeichens Krebs.
Unmittelbar auf den Krebs folgt der Löwe. Dieses Zeichen versinnbildlicht die Vollendung bzw. den Höhepunkt des Ichs. Leben, das den Raum erobert, sich festgesetzt hat, anderen begegnet ist, seine Seele gefunden hat, präsentiert sich jetzt als »Krönung der Schöpfung«, als etwas, was sich aus sich selbst heraus gestaltet. Im Abschnitt Jungfrau begegnet diesem selbstbewussten und *ich*-zentrierten Löwewesen die harte Wirklichkeit des Lebens. So, wie sich im September der Sommer seinem Ende zuneigt und sich am Horizont der Winter zeigt, begreift die Jungfrau das Leben nicht nur als erhabenes Sein, sondern als endlichen Prozess. Das Thema Vergänglichkeit taucht auf, das für den Skorpion dann das Hauptmotiv bildet. Zuvor kommt allerdings noch die Waage. Die Waage versinnbildlicht die Kraft der Liebe, die Gegensätze vereinigen kann.

Das Leben kennt die Liebe also, wenn es sich auf die Ebene des Skorpions begibt. Aber diese Liebe reicht nicht, den Tod zu überwinden. Sie ist zu unbeständig, folgt der Lust, die heute so und morgen ganz anders ist. Vergänglichkeit ist das wichtigste Thema für den Skorpion. Ende Oktober und im November »stirbt« die Natur äußerlich. Auch die Festtage in dieser Zeit sind dem Tod und der Vergänglichkeit gewidmet: Totensonntag, Allerheiligen,

Allerseelen, Volkstrauertag. Skorpionmenschen werden mitten hineingeboren in die Zeit des Abschiednehmens. Und was ist nun ihre Antwort auf das Sterben, Loslassen, Vergehen rings um sie herum? Sie lautet: »Neues Leben erschaffen.«

Aus der Sicht des Skorpions reduziert sich das Dasein auf einen immerwährenden Prozess von Werden und Vergehen und wieder neuem Werden. Das einzelne Leben erfährt dabei eine enorme Reduktion. Denn das Ich, dieses Gebilde, das sich im astrologischen Tierkreis vom Widder bis zum Löwen zu majestätischer Größe aufgebaut hat, wird auf der Ebene des Skorpions zu einem Glied in der endlosen Kette, die aus der Vergangenheit kommt und in die Zukunft weist. Die letzte Wahrheit, die der Skorpion in sich entdeckt, ist die, dass der Einzelne vergeht und unbedeutend ist.

Damit aber ein neues Leben entstehen kann, braucht es die Liebe, so wie sie im Waagezeichen gefunden wurde. Allerdings ist Liebe im Sinne der Waage – ich knüpfe jetzt an den vorherigen Gedanken an – zu wenig, sie ist nicht stabil genug, nicht wirklich verlässlich. Um Leben zu erschaffen, braucht es mehr als Liebe – nämlich Bindung, Zuverlässigkeit, Treue, Ergebenheit, Pflicht. Damit sind wir beim Kern skorpionischer Philosophie. Er besagt: Um zu überleben, muss man sein Ego (verstanden als die Freiheit, zu tun und zu lassen, was man will) unterwerfen. Oder noch krasser: Um zu überleben, muss man – das Ich, der Einzelne – »sterben«. »Wer nicht stirbt, bevor er stirbt, der verdirbt, wenn er stirbt«, sagte der Mystiker Jakob Böhme (1575–1624).

Ich kenne einen Skorpionmann, mit dem ich beinahe zwei Jahre lang therapeutisch gearbeitet habe. Dieser Mann hatte keinen Lebensmut und sank zuweilen in extrem depressive Stimmungen. Er studierte, fühlte sich aber zu keinem Fach richtig hingezogen. Mehr als dreimal dachte er daran, seinem Leben ein Ende zu setzen. Obwohl die Therapie schon Jahre zurückliegt, erinnere ich mich noch heute an die Sorgen, die ich mir damals zuweilen um ihn machte. (Heute weiß ich, dass Skorpione es immer schaffen, andere – durchaus auch ihre Ärzte und andere Helfer – in ihr schweres Schicksal mit hineinzuziehen.) Während im Lauf der ganzen Therapie eigentlich nur so viel zu erreichen war, dass er immer wieder neuen Lebensmut fasste, geschah die vollständige Heilung dann durch einen ganz anderen Akt: Er lernte eine Frau kennen, sie heirateten, sie bekamen ein Kind … Mit der Geburt des Sohnes wandelte sich dieser Mann schlagartig um 180 Grad. Er war auf einmal zuversichtlich, schloss sein Studium ab und wurde praktizierender Arzt. Er sagte es einmal selbst: »Die Geburt meines Sohnes hat mein Leben vollständig verändert.« Er ist also, symbolisch gesprochen, »tausend Tode gestorben«, bevor er zu neuem Leben erwachte.

Leidenschaft als Test

Ehe zwei Skorpione (gemeint sind jetzt die schwarzen, braunen oder rötlichen Spinnentiere südlicher Länder) sich paaren, vollführen sie zunächst einen Liebestanz, der Tage dauern kann. Sie tanzen mit hoch aufgerichtetem Schwanz umeinander herum, reizen sich, bedrängen sich, unterwerfen sich … Nur wer diese Prozeduren durchsteht, kann schließlich den eigentlichen Liebesakt vollziehen. Biologen erkennen darin ein Selektionsprinzip. Der schwierige Parcours dieses Liebesspiels stellt sicher, dass man keinen »Versager« als Partner für seine Erbmasse erwischt.
Im Grunde machen Skorpionmenschen genau das Gleiche, und zwar nicht nur beim Balztanz und bei der Liebe, da jedoch besonders. Ihr ganzes Leben ist ein Spiel um Macht und Ohnmacht. Jeden potenziellen Partner, dem sie begegnen, unterziehen sie bewusst oder unbewusst einem sofortigen Check-up, um herauszufinden, ob es sich lohnt, fünfzig Prozent von sich aufzugeben (zu unterwerfen) und mit genauso vielen Prozentpunkten des anderen »halbe-halbe« zu machen. Das ist völlig unabhängig vom Alter oder Geschlecht des Skorpions. Er zielt auch in keiner Weise automatisch darauf ab, Kinder in die Welt zu setzen. Der Sinn ist lediglich, eine Verbindung darauf hin zu testen, ob sie – symbolisch gesprochen – »dem Tod trotzen« kann.

Von daher ist es mehr als einleuchtend, dass Skorpione nicht so wahllos Beziehungen und andere zwischenmenschliche Verbindungen eingehen können wie zum Beispiel Zwillinge, Widder und Waagen. Und es ist auch klar, dass sich jede Beziehung mit einem Skorpion ganz schnell zu einem Machtgerangel entwickeln kann. Doch Skorpione spielen nicht aus purer Lust an der Macht dieses Spiel. Hinter ihren Vorhaltungen, hinter ihrer Angst, hinter ihrem dramatischen Gebaren steckt letztlich der Kampf des Lebens gegen den Tod.

Weil das Einzelschicksal in Anbetracht dieser großen Frage eines Lebens nach dem Tod so bedeutungslos wird, können Skorpione zuweilen gnadenlos über ein individuelles Schicksal herfallen. Genauso resultieren aus diesem Wissen aber auch der Humor und die Ironie, die Skorpionen zu eigen ist. Ein Vertreter dieses Tierkreiszeichens kann sich nämlich krumm und bucklig lachen, wenn sich beispielsweise ein Löwe oder ein Stiergeborener aufplustern oder sich um die materielle Sicherheit sorgen. Wozu das Ganze? Wo doch das Einzelne sowieso dahingehen wird? Ein großartiger Satiriker war der Skorpion Voltaire. Noch auf seinem Sterbebett konnte er das Spötteln nicht lassen. Angeblich riet ihm ein Priester, in letzter Minute Gott um Vergebung zu bitten. Der große Aufklärer Voltaire, der zu seinen Lebzeiten erbittert gegen Kirche und Religion gewettert hatte und in seinem Garten eine Büste aufstellen ließ, auf der DEO VOLTAIRE stand (»dem Gott Voltaire«), soll darauf geantwortet haben: »Er wird mir vergeben, es ist sein Metier!«

Gewinn durch Opfer

Bisher wurde der – wie man schon fast sagen kann – Bindungstrieb von Skorpiongeborenen fast ausschließlich im Hinblick auf andere Menschen betrachtet. Aber dieser Trieb funktioniert auch noch ganz anders. Skorpione lernen vom ersten Atemzug ihres Lebens an, ihr eigenes Ich unter etwas Größeres zu stellen, und zwar nicht nur äußerlich (das wäre Anpassung oder Nachgiebigkeit), sondern bis zum letzten Winkel ihrer Seele, so dass am Ende

das andere nicht mehr getrennt von ihnen existiert (so wie man ja auch bei einem Kind nicht exakt auseinanderhalten kann, was vom Vater und was von der Mutter stammt). Man ist identifiziert, emotional angeschlossen, erfüllt. Skorpione haben immer etwas, dem sie angehören, das sie vertreten, von dem sie ein Teil sind. Sie gewinnen erst ihre ganze Größe, wenn sie es gefunden haben. So wie in unserem Beispiel der Skorpionmann erst gesund und richtig lebensfähig durch die Geburt seines Sohnes wurde, werden Skorpione allgemein erst stark, wenn sie ihre Lebensaufgabe entdeckt haben. Das Erstaunliche ist – was aber aus dem bisher Gesagten logisch folgt –, dass mit der Größe der Herausforderung auch der Skorpion an Größe gewinnt. Mit anderen Worten: Ein Skorpion tut sich keinen Gefallen, wenn er einen bequemen Weg geht. Er ist immer nur so gut wie »seine andere Hälfte«.
So gewinnt der Skorpion, der sein Ich zunächst aufgibt, es »sterben« lässt, einem größeren Ganzen unterordnet, letzten Endes wieder ein stärkeres Ich. Oder anders gesagt: Zugehörigkeit macht stark. Das muss man wissen, wenn man es mit einem Skorpion zu tun hat: Man hat niemals nur einen Menschen vor sich, sondern immer auch eine Idee, eine Philosophie, einen Verband, einen Beruf, eine Sippe, eine Nation. Und genauso wenig führt man dann nicht nur eine Auseinandersetzung mit einem bestimmten Individuum, sondern stets auch mit dem größeren Ganzen. Skorpione werden manchmal richtig süchtig nach derartigen Mustern, Anschauungen und Ideen. Sie brauchen sie als Stütze, so als könnten sie erst durch sie zu richtigen Menschen werden. Weil dieses andere dann ein derartig wichtiger Teil von ihnen ist, ihnen auch dermaßen viel Kraft und Identität verleiht, vertreten und verteidigen sie es wie ihr eigenes Leben. Im Einzelfall ist der Skorpion folglich auch bereit, für eine Idee sein Leben zu opfern.
Skorpiongeborene scheinen in besonderer Weise mit den Mächten des Schicksals verbunden zu sein. Das ist ihnen manchmal bewusst, weitaus häufiger bleibt es jedoch unbewusst. Mit »Schicksal« meine ich eine Macht, die in ihr Leben eingreift. Natürlich unterstehen alle Menschen einem Schicksal, aber bei

Skorpionen scheint es besonders nah und oft auch dramatisch zu sein.
Selbstverständlich geht es nicht immer gleich um Leben und Tod. Aber sicher ist, dass das Dasein eines Skorpions leidenschaftlicher und intensiver abläuft und nicht nur die hellen, sondern auch die dunklen Töne des Lebens erklingen. Es ist, als würde das Schicksal Skorpionen immer wieder mitteilen, wie wenig sicher das individuelle Dasein ist. Und all das Leid und die Probleme sind wie eine Schule, durch die der Skorpion aufmerksam werden soll.
Die unmittelbare Nähe zum Schicksalhaften zeigt sich auch in einer starken Hinwendung zu sämtlichen Formen der Magie. Skorpiongeborene gehören zu den Menschen, die am ehesten einen Astrologen aufsuchen, zu Wahrsagern gehen, sich selbst die Karten legen oder sonst wie versuchen, hinter scheinbar Zufälligem die Absicht des Schicksals zu erkennen. Sie haben allesamt einen Hang zum Geheimnisvollen, Magischen, Unbekannten, Verborgenen, Zwielichtigen, Unbewussten, Unsichtbaren. Für sie steht fest, dass der gesunde Menschenverstand seine Grenzen hat und nicht alles zu erklären vermag. Je länger ein Skorpion lebt, umso überzeugter ist er, dass das, was wir gemeinhin als Realität kennen, nur die Spitze des Eisbergs ist, von dem bekanntlich der weitaus größere Teil unter dem Wasser treibt, dem Blick verborgen.

Martialisches Gift

Man kann natürlich eine Beschreibung des Skorpions nicht abschließen, ohne sein Gift zur Sprache zu bringen. Ist es doch so, dass man bei der Erwähnung seines Namens gemeinhin zuerst an den Stachel und besagtes Gift denkt.
Sind Skorpionmenschen denn auch »giftig«? Es kommt drauf an, wie man es versteht! Wer meint, dass diese Menschen mehr »Gift« gegen andere oder auch sich selbst einsetzen, liegt falsch. Skorpione sind nicht gefährlicher, rücksichtsloser oder hinterhältiger als Vertreter der übrigen Tierkreiszeichen. Natürlich können sie »giftig« sein, aber das sind andere ebenfalls. Skorpione wählen auch

nicht häufiger den Freitod. Dies bestätigt beispielsweise die Untersuchung von Gunter Sachs in der *Akte Astrologie*. Dass sich angeblich Skorpionmenschen in Bedrängnis selbst töten, gehört also eher zum Mythos über diese Menschen.
Mit dem »skorpionischen« Gift ist etwas anderes gemeint. Es ist nicht ein Symbol für die besondere Gefährlichkeit, sondern für die besondere Verträglichkeit von Gift. Das Rätsel, vor dem auch Biologen stehen, ist eigentlich, wie ein Lebewesen (gemeint ist hier die Skorpionspinne) mit einem Stoff in seinem Körper leben kann, der andere sofort tötet. Der Skorpion ist also ein Sinnbild dafür, dass man tödliches Gift, und damit den Tod selbst, überleben kann. Der Natur gelingt dies durch den Prozess der Immunisierung: Man gewöhnt sich allmählich an immer höhere Dosen. Ein ähnlicher Prozess läuft bei Skorpionmenschen ab: Weil sie so viel mit den Themen Tod, Trennung, Loslassen, Vergänglichkeit zu tun haben, weil sie das Schicksal auf Schritt und Tritt verfolgt, sind sie irgendwann immun. In der Astrologie existiert dafür ein herrliches Bild. Es ist der erlöste Skorpion, ein Adler, der in unglaubliche Höhen fliegt.

Bis jetzt wurde viel über Tod und schwere Schicksale, martialisches Gift und Magie geredet. Wenigstens gegen Ende dieses Kapitels soll der Skorpion in einem ganz anderen Licht erstrahlen: Er kann der fröhlichste und ausgelassenste Geselle von allen sein. Kein anderes Tierkreiszeichen kann so tief, so aus dem Bauch heraus glücklich sein. Er kann witziger sein als Zwillinge und Wassermann zusammen. Er hat vor allem überhaupt keine Probleme, über sich selbst zu lachen. Skorpione können die gütigsten, verständnisvollsten Menschen sein.
Sie sind der lebendige Beweis dafür, dass es im Leben immer einen Ausweg gibt. Und vielleicht sind sie auch ein Beweis dafür, dass man erst wirklich glücklich sein kann, wenn man ebenso »die andere Seite« kennt.

Liebe, Sex und Partnerschaft

Bei keinem anderen Tierkreiszeichen wird das Thema Liebe von derartig vielen »Ahs« und »Ohs« und mit einem solch zweideutigen Blick begleitet. Da läuft so manchem ein heißkalter Schauer den Rücken hinunter.

Ist er denn wirklich derartig sexbesessen, der Skorpion? Oder ist alles doch nur ein Mythos? Die Wahrheit hat, wie so häufig, von beidem etwas.

Beginnen wir mit dem Mythos. Typische Skorpione pflegen den Kult der von Leidenschaften Gebeutelten und den der geheimnisvollen Unbekannten: Keiner soll wissen, wie es in ihrem Innern aussieht, was in ihren Abgründen lauert, von denen andere nicht mal zu träumen wagen. Leicht entsteht so der Eindruck (gegen den kein Skorpion jemals etwas unternehmen würde), ihr Leben sei ein einziger Garten der Lüste voller Versuchungen: solche, die sie in grenzenlose Verzückung versetzen, und andere, die sie an den Rand des Wahnsinns treiben.

Wie gesagt, Skorpione unternehmen nichts gegen dieses Trugbild. Spricht man sie darauf an, schweigen sie mit vielsagenden Blicken. Letzten Endes verleiht ihnen dieses Bild Macht: Es hält Schwächlinge ab. Nun aber zu den Fakten.

Der Tanz der Skorpione wurde schon beschrieben, auch der eigentliche Grund für dieses anstrengende, sich über Tage hinziehende Liebesspiel: nämlich den Partner auf seine Tauglichkeit hin zu überprüfen. Damit sind wir aber auch am Kern der Leidenschaft von Skorpiongeborenen. Ihr existenzielles Basisprogramm ist gegen lockeren, unverbindlichen Sex. Ganz gleich, wie bewusst einem leibhaftigen Skorpion das auch sein mag, er richtet sich bei seiner Werbung und beim Liebesspiel nach einem uralten, seinen Genen innewohnenden Plan: Nur ein starker, potenter, leidenschaftlicher Mensch ist ein würdiger Partner.

Daher das ekstatische Liebesspiel! Deswegen so viel Lust und Sinnlichkeit! Beim Liebesspiel geht es sozusagen immer um »Leben und Tod«. Da ein Orgasmus, der Höhepunkt der Vereini-

gung, auch bedeuten kann, ein neues Leben zu erschaffen und dadurch selbst zu überleben, ist dieser Höhepunkt – gleichgültig, ob daraus Nachkommen entstehen – die Manifestation, den Tod zu überleben. Es ist ein »Gefühl wie sterben und wiedergeboren werden«, wie es ein Skorpion beschrieb. Oder in einer weiteren »skorpionischen« Formulierung: »Liebe ist wie der Tod – und wie die Auferstehung!«
Natürlich wirken bei allen Menschen derartige Vorgänge, gleich, unter welchem Tierkreiszeichen man geboren wurde, denn jeder trägt in sich auch etwas vom Skorpionprinzip. Aber Skorpiongeborene haben davon nicht nur den größten Teil abbekommen, bei ihnen wirkt es weitaus mehr als bei anderen Tierkreiszeichen in das bewusste Verhalten hinein, muss also gelebt und erlebt werden.

Der Astro-Flirt

Magische Blicke aus einem schönen, unergründlichen Augenpaar, geheimnisvoll verführerisch, dann wieder distanziert abschätzend: Wer solche Blicke auffängt, hat es wahrscheinlich mit einem Skorpion zu tun und sollte sich gut überlegen, ob er sich auf einen Flirt einlässt. Denn obwohl sie nicht so schnell Kontakt knüpfen, schäkern Adam und Eva Skorpion nur zu gern. Vertreter dieses Tierkreiszeichens lieben erotische Abenteuer. Andere in ihren Bann zu ziehen, sie an sich zu binden, das Spiel von Macht und Ohnmacht auszukosten, das ist ihnen auf den Leib geschrieben. Und wer einmal Feuer gefangen hat, bekommt Schwierigkeiten, diese Glut wieder zu löschen.
Skorpione gehen direkt aufs Ziel los, sie wollen es wissen, wollen Macht über den anderen – und sie wollen Sex. Sicher erlebt man mit einem Skorpion eine heiße Liebesnacht. Doch ehe man richtig zu sich kommt, steckt man tief im Netz dieser leidenschaftlichen Person, hat sich verstrickt, glaubt sich verloren, ist bereit zu allem … Das »Opfer«, auf das eine Femme fatale oder ein Don Juan aus dem Skorpionlager ihren/seinen Blick geworfen hat, sollte also wissen, was es tut.

Wer mitspielt, kann dann seinerseits das Knistern der Erotik und die Magie noch steigern, und zwar so: Man verweigere die Nähe! Man ziere sich! Man lasse den Skorpion glauben, man habe kein Interesse an ihm. Das alles »törnt ihn an«, den Skorpion. Wer es schneller mag, braucht ihn nur etwa folgendermaßen anzusprechen: »Ich habe gehört, dass Skorpione unglaublich leidenschaftliche Menschen sind. Ob das wohl so stimmt?« Wetten, es funktioniert!

Sind Skorpione gut im Bett?

Ihre Qualität im Bett wurde ja bereits angedeutet. Als Ergänzung vielleicht ein Hinweis: Skorpione gehören absolut nicht in die Kategorie von Liebhabern (oder Liebhaberinnen), die im Land des Sex alles ausprobieren und an modischen Erneuerungen und Experimenten interessiert wären. Weit gefehlt! Sexualität ist für einen Skorpion ein Elixier, von dem er aus tiefster Seele glaubt, dass es sein Leben in alle Ewigkeit verlängern kann. Sex ist ein Heiligtum, ein Fest, eine Feier, eine Meditation. Genau darin liegt seine Stärke im Bett, dass er nicht um irgendwelche Stellungen feilschen oder sich Spiegel an die Decke hängen muss. Seine Sexualität kommt »aus dem Bauch«, nicht »aus dem Kopf«.

Sind Skorpione gute Partner?

Je länger eine Partnerschaft währt, umso besser erfüllt der Skorpion sein Lebensprogramm. »Bindung über alles!«, könnte man sagen. Tatsächlich hat man in einem Skorpion ein wahres Bollwerk, eine Festung. Dazu kommt noch, dass er in Krisenzeiten der Allerletzte wäre, der abspränge. Im Gegenteil: Krisen machen ihn stark.

Wenn eine Partnerschaft zerbricht, glaubt der Skorpion, er habe existenziell versagt, sein Überleben sei gefährdet. Und das ist wieder völlig unabhängig davon, ob es Kinder in dieser Beziehung gibt, und wenn, wie alt sie sind. Es ist ein Muster, ein Programm, das in ihm wirkt. Trennungen lassen Skorpione leiden wie Tiere. Es gibt nichts Elenderes und Erbärmlicheres als einen Skorpion, der verlassen wurde. Selbst gestandene Männer, die normalerweise eine ganze Abteilung regieren und am Wochenende mit dem Fallschirm aus dreitausend Meter Höhe abspringen, quälen sich nach einer Trennung wie ein zertretener Wurm. Ich weiß nicht, wie viele therapeutische Stunden ich schon mit solchen Skorpionen verbracht habe, die verlassen wurden, denen ich (und zig andere genauso, ihre Freunde und Bekannten) Mut zusprach und zu sagen versuchte, dass das Leben trotzdem weitergeht. Es hilft vielleicht für den Moment, aber im nächsten stößt der Skorpion sich den Dolch doch wieder selbst ins Herz: »Alles ist aus, mein Leben ist ruiniert ...« Im Grunde will er auch keinen Trost. Er muss leiden, wieder eine Portion Gift verdauen, noch widerstandsfähiger werden – das bleibt jetzt als einziger Sinn.

So hält man Skorpione bei guter Laune

Man gebe einem Skorpion stets das Gefühl, dass man immer bei ihm bleibt, durch dick und dünn mit ihm geht; man nehme ihn aber ruhig (wenigstens ein bisschen) an die lange Leine – dann hat man einen glücklichen und zufriedenen Skorpion. Des Weiteren kümmere man sich immer um sein Seelenheil, verbringe möglichst Stunden, wenn nicht Nächte, mit ihm in tiefen Gesprächen über das Leben im Allgemeinen und die Liebe im Besonderen. Sofern man – drittens – immer dann mit ihm einer Meinung ist, wenn es um eine dritte Person geht, ist fürs Erste der Partnerfrieden gerettet.

Richtig gute Laune kommt auf, wenn Ihr Skorpiondarling von seinem exzessiven Leben berichten kann, den Episoden, in denen er beinahe »hopsging«. Oder wenn er erzählen kann, wer sein Urgroßvater war – und dass ein Onkel seines Vaters damals dabei war, als die »Titanic« sank. Auch Geschenke machen ihn glücklich, obwohl er normalerweise so tut, als stünde er über Geld und Glitzerkram. Aber im Grunde träumt er von einem Landhaus mit Wänden voller Meistergemälde.

Was Skorpione nicht ausstehen können, sind Überraschungsbesuche – wenn Freunde von ihnen zum Beispiel zwecks späten feuchtfröhlichen Umtrunks einfach so »hereinschneien«. Ihr Skorpiondarling wird kein Blatt vor den Mund nehmen und Ihren Freunden sagen, was er wirklich denkt. Traurig wird Ihr Skorpion, wenn Sie einen Tag vergessen, der in Ihrer Beziehung eine bedeutende Rolle spielt: der erste Kuss, die erste Nacht, natürlich die Hochzeit … Und rabiat wird es, wenn Sie nicht hundertprozentig offen und ehrlich sind: Ein Skorpion möchte alles wissen, was Sie denken, fühlen, träumen. Er wird wahnsinnig, wenn Sie ein Geheimnis vor ihm haben.

Über die Treue des Skorpions

Dass er ewige Treue von seinem Partner verlangt, ist klar. Aber wie steht es um seine eigene? Die Antwort erstaunt, denn der Skorpion ist keineswegs so treu, wie man in Anbetracht seiner ganzen Lebensphilosophie eigentlich erwarten würde. Insbesondere Skorpionmänner laufen – etwas salopp gesagt – mit einer permanenten Brunftbereitschaft durchs Leben. Und ihre sämtlichen Sinnesorgane empfangen ununterbrochen sexuelle Botschaften. Existiert denn nicht immer die Möglichkeit, einen Partner zu finden, mit dem die Verschmelzung noch inniger wird (und damit die Hoffnung zu überleben noch größer)? Was einen Skorpion dann letztlich doch abhält, überall sein üppiges Paarungsspiel zu starten, ist einerseits seine geringe Kontaktfähigkeit, andererseits aber auch der enorme Aufwand, den er beim Liebesspiel betreiben muss. Bei der Skorpionfrau überwiegt das Prinzip der Bindung mehr als beim Mann. Aber auch sie empfängt permanent erotische Signale – und sendet sie natürlich ebenso aus. Mit gefährlichen Affären muss man bei Skorpionen also immer rechnen.

Das Eifersuchtsbarometer

Der Skorpion ist der eifersüchtigste Gockel im astrologischen Zoo, gleich, ob männlichen oder weiblichen Geschlechts. Eifersucht ist sozusagen die »Gendarmerie«, deren Aufgabe darin besteht, über die Einhaltung der Bindung zu wachen. Ihr Vorgehen funktioniert nach dem Motto »Wehret den Anfängen«. Skorpione werden schon eifersüchtig, wenn ihr Partner beim Tennisturnier im Fernsehen einen Spieler favorisiert. Sie sind eifersüchtig auf den Blumenstock, den ihr Partner – wie sie befinden – zu häufig gießt und düngt. Natürlich ist der Skorpion erst recht eifersüchtig auf den Hund und den Kanarienvogel des Partners, ganz zu schweigen von der Eifersucht, mit der er seinen Partner beäugt, wenn dieser mehr als unbedingt nötig mit anderen Menschen Umgang pflegt.

Wie gut Skorpione allein sein können

Ein Skorpion, der allein lebt, leidet wahrscheinlich gerade, weil seine letzte Beziehung zu Ende gegangen ist. Er befindet sich also in Trauer, und während dieser Zeit lebt er zwecks besserer »Leidverarbeitung« allein. Erfahrungsgemäß braucht ein Skorpion für die Trauerarbeit ein halbes Jahr. Dann hat er ausgelitten, das Gift verarbeitet, sämtliche Erinnerungen ausgeschieden – und er wird keinen Tag länger allein bleiben. Er ist nun mal ein sozialer Mensch, Partnerschaft und Liebe sind für ihn eine Überlebensstrategie, und in seiner tiefsten Natur fühlt er sich für die Erhaltung der Gattung Mensch verantwortlich. Ein Skorpion, der länger als ein halbes Jahr allein bleibt, hat sich nicht wirklich von seinem letzten Partner getrennt, er wartet noch. Das ist allerdings die Ausnahme. Denn diese Menschen sind nicht nur phantastische Liebhaber, sondern auch ausgezeichnete Konfliktbewältiger. Wenn die Zeit reif, die letzte Partnerschaft also verdaut ist, finden sich von selbst potenzielle neue Kandidaten ein. Man muss also nicht Kontaktanzeigen aufgeben oder jeden Abend in eine Bar oder Disko laufen. Der Skorpion ist ein magischer Mensch. Wenn er sich treu bleibt, regeln die Mächte des Schicksals sein Leben. Diesen Prozess kann man auch nicht beschleunigen. Skorpione, die sofort nach einer Trennung versuchen, eine neue Partnerschaft einzugehen, scheitern, egal, was sie unternehmen.

Weibliche Skorpione auf dem Prüfstand

Das Herz der Skorpionin ist das einer emotionalen, leidenschaftlichen Frau. Dennoch wird sie ihre Gefühle – Freude, Trotz, Wut, Lust – nie wie eine Löwin oder Wassermannfrau laut hinausposaunen oder wie eine Jungfrau bzw. Steinböckin unterdrücken. Die Regungen ihres Herzens sind ihr beinah heilig, sie zelebriert sie, erhebt sie zum Kult und kostet jede Nuance. Übereinstimmung beschert ihr am meisten Glück: Wenn er (ihr Darling) so fühlt wie sie, macht sie das regelrecht »high«.

Natürlich passt zu dieser emotionalen, leidenschaftlichen Frau kein halbgares Jüngelchen, das sich nach seiner Mama sehnt, genauso wenig ein dandyhafter Salonlöwe, der dem Trend wie ein Frosch dem Wetter folgt. Sie braucht einen ebenbürtigen Mann, fast so etwas wie einen Gegner. Er muss geschaffen sein für den »skorpionischen« Tanz aus Anziehung, Abstoßung, Hingabe, Verweigerung, Ekstase, Verschmelzung, Auflösung … Und sie will ihn ganz, sie will ihn weder mit seiner Karriere noch mit seinem neuen Sportcoupé und erst recht nicht mit seiner Verflossenen teilen.

Weniger als »alles« bedeutet für diese Frau eben sehr schnell »überhaupt nichts«. Sie ist leidenschaftlich gern Mutter, eine mittelprächtige Hausfrau (Liebe geht bei ihr nicht durch den Magen, sondern durchs Bett), stellt in Krisen allemal ihren Mann und hat magische Fähigkeiten: Allein ihre Präsenz hält böse Einflüsse ab bzw. lindert und heilt bereits vorhandenes Leid. Sie ist nicht unbedingt die Frau, die im Rampenlicht glänzt; eher diejenige, mit der man durch dick und dünn marschieren kann.

Männliche Skorpione auf dem Prüfstand

Der Skorpionmann lebt extrem, total und empfindet Durchschnitt oder Mittelmaß als graues Niemandsland. Aufgaben, bei denen anderen die Luft ausgeht, sind seine Leidenschaft. Dass dennoch nicht jeder Skorpion Stuntman wird, sich kopfüber von Fernsehtürmen stürzt oder brennende Wälder löscht, liegt einfach daran, dass die Gesellschaft solche Taumel riskanter Lust nur begrenzt erträgt. Geeignete Freiräume für richtige Skorpione sind rar. Wer jetzt einen Muskelmann oder einen Herrn mit geistigem Imponiergehabe erwartet, liegt daneben: Der Skorpionmann sticht nicht beim ersten Blick ins Auge. Er hält sich eher zurück und spielt das Repertoire getarnter Power – ein Profi im Understatement. Dass so ein Mann auch in puncto Eros Grenzerfahrungen sucht, ist eine Selbstverständlichkeit. Er braucht daher einen starken Sexpartner.

Er ist im Vergleich zu Männern anderer Tierkreiszeichen relativ treu, zuverlässig und einfühlsam. Auch und gerade in Krisenzeiten ist auf ihn hundertprozentig Verlass.

Eine Frau, die mit ihm spielt, sollte wissen, worauf sie sich einlässt, und zwar von der ersten Sekunde ihrer Begegnung an. Denn dieser Mann ist faszinierend, aber er schmiedet eine Frau ganz schnell in Ketten, und er lässt sie – hat man sich damit erst einmal abgefunden – abrupt wieder frei, scheint sie nicht einmal mehr zu kennen, bis er wieder zugreift, nämlich gerade dann, wenn sie sich entschlossen hat, diesen Kerl zu verlassen. Mit anderen Worten: Liebe zu einem Skorpionmann ist kein Sonntagsspaziergang, eher eine Kletterpartie – immer wieder am Abgrund entlang. Sein Leitspruch lautet: »Alles oder nichts.«

Wie klappt's mit den anderen Sternzeichen?

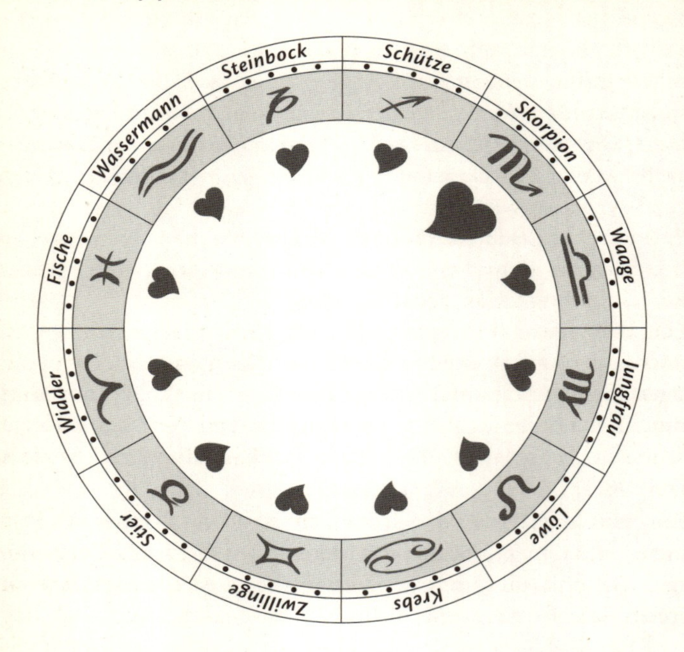

Sich zu kennen ist erst die eine Hälfte des Wegs zum Glück. Die andere Strecke muss auch noch zurückgelegt werden. Dabei geht es darum, seine Mitmenschen, besonders den Partner – das »Du« –, zu erforschen. Erst wenn man beides kennt, sein »Ich« und sein »Du«, verfügt man über die Voraussetzungen für eine funktionierende Beziehung und ein befriedigendes Liebesleben.
Mit jedem Vertreter des Zodiaks erwartet einen etwas anderes. Man selbst bleibt zwar immer der oder die Gleiche. Aber weil das Gegenüber wechselt, verhält man sich anders, je nachdem, um welches Tierkreiszeichen es sich handelt.
In der Astrologie sind bestimmte Erkenntnisse und Regeln zusammengestellt, die dabei helfen können, mit den verschiedenen potenziellen Partnern besser umzugehen, gemeinsam mehr Spaß

zu haben, Konflikte zu vermeiden, erfüllter zu lieben und zu leben und länger zusammenzubleiben.
Zuvor ist jedoch noch etwas Grundsätzliches zu sagen: Viele Menschen haben den Eindruck, der Sternenkunde zufolge gäbe es Kombinationen, die gut funktionieren, und andere, die »floppen«. Das ist so falsch. Es gibt keine Verbindung, die unmöglich ist. Mit anderen Worten, als Skorpiongeborener kann man mit allen, egal ob Widder, Löwe oder Wassermann. Allerdings verlangt jede Partnerschaft einen bestimmten »Preis«. Bei manchen Kombinationen heißt der Preis Ruhe oder Entspannung, bei anderen braucht man vielleicht mehr Zeit. Auch ist es von Fall zu Fall möglich, dass man mit einem bestimmten Partner in eine Krise gerät und dann etwas unternehmen muss, um sie gemeinsam zu bewältigen. Es gibt keine Beziehung, die nur positiv ist. Es gibt allerdings solche, die bequemer sind als andere. Wer aber will entscheiden, ob Bequemlichkeit in jedem Fall ein erstrebenswertes Gut ist?
Die Astrologie kann dabei helfen, ein erfülltes Leben in der Partnerschaft zu finden. Doch der Mensch verliebt sich – dem Himmel sei Dank – mit dem Herzen. Das Herz ist allemal stärker als irgendwelche Prinzipien, die unter Umständen sogar noch dogmatisch ausgelegt werden. Deswegen sollte man im Zweifelsfall immer auf seine eigene innere Stimme hören, damit nicht aus einer guten Sache, die die Astrologie ja nun mal ist, für Einzelne ein Hindernis auf ihrem Weg zum Glück wird.

Gegensätze ziehen sich an: Skorpion und Stier

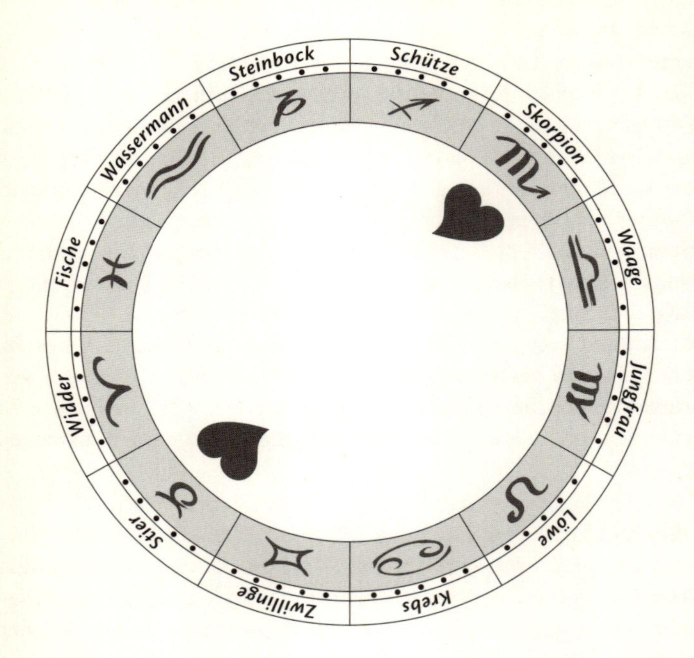

Zwischen dem Skorpion und dem Stier, seinem Gegenzeichen (man nennt es auch »Oppositionszeichen«), liegt im Tierkreis die größtmögliche Distanz. Das bedeutet symbolisch, dass zwischen beiden der größte Unterschied besteht. Kein Vertreter des Zodiaks unterscheidet sich stärker von einem Skorpion als ein Stier. Von daher könnte man annehmen, Skorpiongeborene hätten mit solchen Menschen wenig zu tun. Aber das ist ein Irrtum. Der Astrologie zufolge sind zwei sich gegenüberliegende Zeichen zwar so verschieden wie Plus und Minus, aber sie ziehen sich auch an wie der positive und der negative Pol eines elektromagnetischen Feldes. Es fließt also sofort »Strom«, wenn sich Skorpion und Stier begegnen.

Es ist ungefähr so, als würde man auf einer Reise in ein weit entferntes Land Menschen treffen, die zwar völlig anders sind als man selbst, die einen aber faszinieren, interessieren und anziehen – als kenne man sie aus irgendeiner fernen Zeit her genau.
Der Kosmos »will« eben, dass man sich nicht in sein Ebenbild, sondern in seine Ergänzung verliebt. Letztlich sind ja auch Mann und Frau verschieden, und just aus dieser Verschiedenheit heraus erwächst die Spannung, die Gefühle weckt, welche stärker sein können als alles andere auf der Welt.
»Du hast alles, was mir fehlt!« Das ist die richtige Einstellung zu seinem Gegenzeichen – und: »Zusammen sind wir ganz, so wie zwei Kreishälften einen vollständigen Kreis bilden.« Skorpione, die Stieren gegenüber eine grundsätzliche Ablehnung hegen, sollten sich dieses astrologische Gesetz der Liebe immer wieder vor Augen halten und in sich hineinspüren. Ganz sicher finden sie eine Resonanz, ein Gefühl von Neugierde und tiefem Interesse, das sie bisher vielleicht nur noch nicht wahrgenommen haben.

Was die Sterne über Skorpion und Stier sagen

Das sind vielleicht Gegensätze! Auf der einen Seite das Frühlings-Tierkreiszeichen Stier: lebensbejahend, besitzergreifend, überwiegend auf sich selbst und das eigene Wohlergehen fixiert. Auf der anderen Seite das herbstliche Zeichen Skorpion: hinter das Leben blickend, an Ideen und am Wohlergehen eines größeren Ganzen orientiert.
Konkret kann das so aussehen, dass zum Beispiel der Stier sein Geld für gutes Essen, ein schönes Haus oder ein bequemes Auto ausgeben will, der Skorpion für Bildung, Kunst und Kultur. Oder dass der Stier am Sonntag ein Fußballspiel anschauen geht, während es den Skorpion eher in ein Meditationszentrum zieht. Spannungen und Dissonanzen sind bei dieser Kombination früher oder später die Regel.
Wenn die Bereitschaft da ist, im steten Wandel des Lebens auch Wachstumschancen zu sehen und im anderen das wahrzunehmen, was einem selbst fehlt, ist dies eine Beziehung mit sehr viel

Tiefgang. Der bodenständige Stier vermittelt dem Skorpion das Leben im Hier und Jetzt, und der Skorpion lehrt den Stier, sich gegebenenfalls aus einem einseitigen Verhaftetsein im Materiellen zu lösen.

Das kleine Liebesgeheimnis

Gegensätze ziehen sich an. Und was am weitesten voneinander entfernt liegt, kann sich auch am nächsten liegen. Liebe ist gerade die goldene Brücke zwischen Gegensätzen. Sie macht uns ganz, weil sie das bringt, was uns selbst fehlt. In der Astrologie heißt es (und dies ist die Botschaft aller esoterischen Lehren), dass jedes Singuläre und Vereinzelte das Bestreben hat, ganz zu werden. Dieser Wunsch kann umso größer sein, je mehr sich der eine Mensch vom anderen unterscheidet. Und entsprechend stärker ist die Liebe.

Das gilt in besonderer Weise für eine Beziehung zwischen Skorpion und Stier. Aber das ist auch eine generelle Gesetzmäßigkeit. Denn jeder andere Mensch, gleich, welchen Tierkreiszeichens, wird in irgendeiner Hinsicht ganz anders sein als Sie. Wenn Ihre Herzdame oder Ihr Herzbube ein Stier ist, sollten Sie diese Verschiedenheit also nicht von vornherein als Störung und Hindernis betrachten, sondern als Chance, noch tiefer, noch umfassender zu lieben.

Knapp vorbei ist auch daneben: Skorpion und Widder · Skorpion und Zwillinge

In diesem Abschnitt geht es um die Beziehung zu zwei Zeichen, die unmittelbar neben dem Gegenzeichen, dem Stier, liegen: um Widder und Zwillinge. Diese beiden befinden sich ebenfalls sehr weit vom Zeichen Skorpion entfernt.

Man sollte also annehmen, auch zwischen Skorpion und Widder einerseits und Skorpion und Zwillingen andererseits existiere eine ähnliche »Anziehung und Abstoßung«. Aber wieder hat die Astrologie eine Überraschung parat: Diese Beziehungen sind schwierig und funktionieren nur unter Vorbehalt. Die Ursache liegt in der unterschiedlichen Grundstimmung. Skorpion ist, was das Element betrifft, ein Wasserzeichen. Widder ist ein Feuer- und Zwillinge ein Luftzeichen. Zwischen Wasser einerseits und Feuer bzw.

Luft andererseits bestehen schwerwiegende Differenzen des Erlebens und Verhaltens. Man kann sich das wieder ungefähr so vorstellen, als begegne man auf einer Reise in ein fernes Land Menschen, die völlig anders sind als man selbst. Aber dieses andere empfindet man zunächst nicht als reizvoll, anziehend und aufregend, sondern es erweckt erst einmal Vorbehalte und stößt auf Ablehnung. Mit einem Wort, man ist sich fremd und findet auf Anhieb keine Möglichkeit, dieses Befremdliche aus dem Weg zu räumen.

Sollte man dann Menschen mit diesen beiden Tierkreiszeichen meiden? Die Antwort lautet natürlich: »Nein!« Denn es gibt auch zahlreiche Gründe, die *für* eine Beziehung mit ihnen sprechen. So lernt man im Umgang mit derartig fremden Naturellen in der Regel sehr viel mehr als mit solchen, die einem vertraut sind.

Es kommt auch vor – und dies passiert gar nicht so selten –, dass es das eigene Schicksal zu sein scheint, gerade Menschen zu lieben, die aus einer völlig konträren Welt kommen. Zum Beispiel kann es sein, dass es in der Familiengeschichte schon einmal oder mehrmals ein derartiges Zusammenkommen mit Fremden gegeben hat. Eltern oder Großeltern etwa können ebenfalls eine solche Beziehung gehabt haben, so dass man seine eigene Existenz diesem Wagnis verdankt.

Doch wie auch immer, man muss wissen, dass man hier keine leichte und bequeme Lösung gewählt hat und nicht erwarten kann, dass sich diese Beziehung ohne Probleme gestalten wird.

Was die Sterne über Skorpion und Widder sagen

In dieser Beziehung begegnen sich zwei unglaubliche Kraftbolzen und Machtmenschen. Beide sind sehr leidenschaftlich.

Für den Skorpion besitzt Leidenschaft und Sexualität oft eine mystische Dimension. Sein Engagement und seine Gefühle sind tief, und weil er die Menschen, die er liebt, um keinen Preis verlieren will, neigt er zu einem eifersüchtigen und kontrollierenden Verhalten. Der Widder gibt sich egoistisch, lebt aus dem Bauch heraus und ist es nicht gewohnt, großartig Rücksicht auf andere zu neh-

men. Für eine Liebesaffäre kann es daher kaum etwas Spannenderes geben als diese zwei Menschen, die aufeinandertreffen, sich reizen, erregen, in Ekstase versetzen und endlich in einem Orgasmus miteinander verschmelzen.
Für eine Ehe oder eheähnliche Partnerschaft hingegen wird diese Kombination schnell zur Hölle; man vergisst jede Form der Kooperation und des gegenseitigen Respekts, im schlimmsten Falle quält und misshandelt man sogar einander.
Eine Verbindung zwischen diesen beiden Zeichen zeichnet sich durch eine starke Willensintensität aus, und es ist wichtig, das Bedürfnis nach Macht und Dominanz in konstruktive Bahnen zu lenken.

Was die Sterne über Skorpion und Zwillinge sagen

Beide Zeichen sind auf verschiedene Art Zweifler. Der intellektuelle Zwillingegeborene stellt mit seinem scharfen Verstand alle Gegebenheiten in Frage, und der Skorpion deckt mit seinem Drang nach tiefschürfenden Erkenntnissen hintergründige Motivationen auf. Wenn die Brücke zwischen geistiger Leichtigkeit und seelischem Tiefgang geschlagen werden kann, so finden wir hier ein Paar, das sich gegenseitig sehr viel zu geben vermag.
Auf der anderen Seite trennen beide Berge unterschiedlicher Auffassungen und Lebensgewohnheiten: Typische Zwillinge sind kommunikative, weltoffene, positive Menschen. Waschechte Skorpione sind introvertiert, verschlossen und beanspruchen den Partner ganz für sich.
Wenn diese zwei Menschen überhaupt zusammenkommen, dann spielt in 99 von 100 Fällen der Sex eine entscheidende Rolle: Der Zwillingepartner findet beim Skorpion die Lust und Leidenschaft, von der er sonst höchstens im Kino erfährt. Und der Skorpion liebt es, vermeintlich unbedarfte Menschen wie typische Zwillinge in die hohe Kunst der Liebe einzuführen.

Das kleine Liebesgeheimnis

Wenn Sie als Skorpion jemanden kennen oder lieben, dessen Tierkreiszeichen Widder oder Zwillinge ist, dann sollten Sie sich sagen, dass es bestimmt Gründe gibt, warum Sie gerade diesem Menschen begegnet sind. Lernen Sie von ihm, dass das Fremde kein Hinderungsgrund für eine tiefe Liebe sein muss. Gehen Sie davon aus, dass Sie zusammen einen zwar schwierigen, aber unglaublich interessanten Weg einschlagen können.

Versuchen Sie immer wieder, die Situation aus den Augen dieses anderen Menschen zu betrachten, sie mit seinen Ohren zu hören und mit seinen Gedanken zu erfassen. Lernen Sie dadurch eine Welt kennen und lieben, von der Sie sonst vielleicht kaum je etwas erfahren hätten.

Ein Vertrauter in der Fremde: Skorpion und Krebs · Skorpion und Fische

Zwischen dem Tierkreiszeichen Skorpion und den beiden Abschnitten Krebs einerseits und Fische andererseits besteht auf dem Zodiak eine relativ große Distanz. Man könnte daher vermuten, dass auch Krebs- und Fischegeborene mit einem Skorpion nicht so leicht warm werden und dass eine Liebesbeziehung, wenn überhaupt, nur unter großen Schwierigkeiten und mit zahlreichen Hindernissen möglich ist. Aber nach astrologischen Erkenntnissen verhält es sich genau umgekehrt. Skorpion und Krebs bzw. Fische verstehen sich in der Regel auf Anhieb und können ohne weiteres eine lebenslange, erfüllte Beziehung führen.

Es ist, als würden wir auf der bereits erwähnten vorgestellten Reise weit in der Ferne plötzlich jemanden treffen, der aus derselben

Stadt kommt und dieselben Menschen kennt wie wir. Man fühlt sich sofort verstanden, hat Gesprächsstoff und ist glücklich, in der Fremde jemandem zu begegnen, der die gleiche Sprache spricht. Das schafft von vornherein Vertrauen, Sicherheit und Nähe.
Der Astrologie zufolge kommen diese Tierkreiszeichen besonders gut miteinander aus und können langjährige Beziehungen eingehen. Ja, es sind klassische Beziehungen für eine Heirat und Familiengründung.

Was die Sterne über Skorpion und Krebs sagen

Sie haben das gleiche Element Wasser – und ergänzen sich daher blendend: Sie verstehen sich bestens, haben ähnliche Ansichten und Vorstellungen über die Liebe.
Es ist eine Beziehung, die mit einer gemeinsamen großen Reise auf einem Schiff verglichen werden kann. Einmal ist die See ruhig und einmal stürmisch. Und Krebs wie Skorpion freuen sich, wenn nach einer stürmischen Nacht ein neuer Tag anbricht. Beide sind treu. Aber der Skorpion neigt aus seinem Wunsch nach Beständigkeit heraus zu eifersüchtigem und kontrollierendem Verhalten. Der Krebs erlebt die Leidenschaft des Skorpions wie einen Sog, der ihm zugleich Angst macht und ihn unglaublich fasziniert. Der Skorpion wiederum findet im Krebs ein Wesen, das er als zart, schwach und so schutzbedürftig und daher liebenswert erlebt, dass er bereit ist, alles für jenen Menschen zu geben.
Der Wunsch dieser Partnerschaft ist es, eine neue Gemeinschaft zu gründen – mit einer eigenen Zukunft und einem eigenen Schicksal. Daher ist es beinah selbstverständlich, dass man irgendwann an ein gemeinsames Kind denkt bzw. dass es sich plötzlich einstellt: Es gehört einfach zu diesen beiden anhänglichen Wesen.

Was die Sterne über Skorpion und Fische sagen

Auch ihr gemeinsames Element ist Wasser. Insofern schwingen beide auf der gleichen »Wellenlänge«, verstehen sich ohne große Worte und legen mehr Wert auf Empfinden und Fühlen als auf Haben und Scheinen. Und sie fühlen ähnlich, so dass bei Kleinig-

keiten grundsätzlich Einigkeit besteht. Der Unterschied liegt darin, dass der Skorpion dazu tendiert, die Kontrolle in der Beziehung zu behalten. Im Gegensatz dazu hat der Fischepartner die Gabe, den Dingen ihren Lauf zu lassen und sich in seine Traumwelt zurückzuziehen, wenn ihm etwas nicht behagt. Gerade diese Eigenschaften sind es aber auch, die dem Skorpion guttun. Umgekehrt verhilft er dem leicht beeinflussbaren Fischegeborenen dazu, sich besser durchzusetzen.
Probleme entstehen höchstens hinsichtlich der Bindungsbereitschaft des Fischepartners. Als letztes und veränderliches Zeichen ahnen die Fische, dass jede Bindung nur vorübergehend, das gesamte Leben – und mithin auch die Liebe – flüchtig ist und immer nur einen Moment lang existiert.

Das kleine Liebesgeheimnis

Wenn Sie als Skorpiongeborener jemanden kennen oder lieben, dessen Tierkreiszeichen Krebs oder Fische ist, dann können Sie sehr glücklich sein. Sie haben einen Menschen an Ihrer Seite, der beides mitbringt: genügend Ähnlichkeit und Übereinstimmung einerseits und ausreichend Unterschiedliches und Fremdes andererseits. Ihre Beziehung wird nicht langweilig und einschläfernd.
Sollten Sie dennoch einmal über Eintönigkeit klagen, dann brauchen Sie nur gemeinsam Ihre Siebensachen zu packen und zu verreisen. Sobald Sie Ihre gewohnte Umgebung verlassen, Grenzen überschreiten, gemeinsam in einem Hotelbett liegen, kommen Liebe und Leidenschaft zurück – und es ist wie am allerersten Tag.

Das verflixte Quadrat:
Skorpion und Löwe · Skorpion und Wassermann

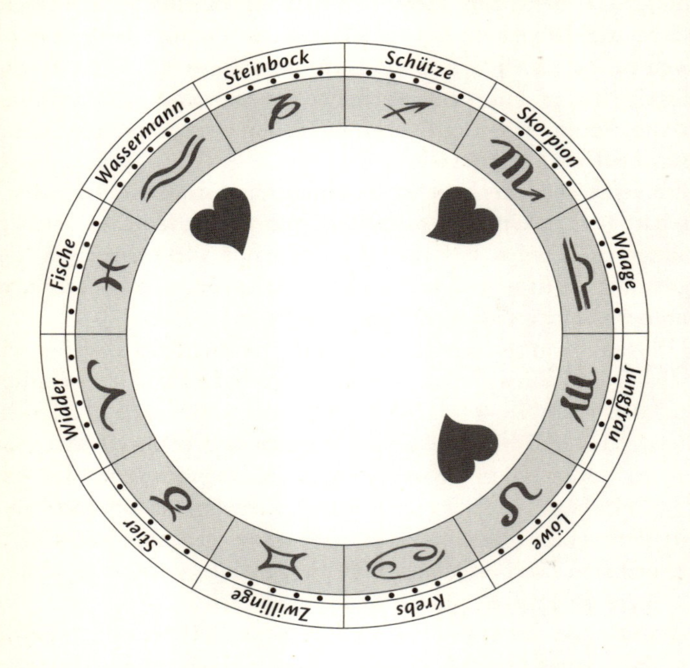

Eine Frau betritt einen Raum, ein Café zum Beispiel, in dem sie noch nie war, was schon von vornherein leicht befremdliche Gefühle und Unsicherheit bei ihr ausgelöst hat. Sie freut sich, da sie einen leeren Tisch sieht, und setzt sich dorthin. Doch dann bemerkt sie aus den Augenwinkeln heraus, dass jemand sie von der Seite anschaut. Sie blickt schnell hoch, doch der (oder die) andere sieht weg. Sobald sie sich aber wieder mit der Speisekarte oder einer Zeitschrift beschäftigt, wiederholt sich das Spiel: Die Frau fühlt sich beobachtet. Dieser Mensch beginnt ihr auf die Nerven zu gehen, aber da ist auch eine gewisse Neugierde, wer denn diese andere Person sein mag. Kennen sie sich vielleicht von

irgendwoher? Ob alles auf einer Verwechslung beruht? Oder ob der andere vielleicht schräge Absichten hegt?
Ungefähr so gestaltet sich die Kontaktaufnahme zwischen dem Zeichen Skorpion und jenen, die im Zodiak in einer quadratischen Beziehung (einem Winkel von 90 Grad) zu ihrem Zeichen stehen, also Löwe und Wassermann. Es besteht Interesse und Ablehnung zugleich. Man kennt sich, ohne zu wissen, woher. Man ist interessiert und irritiert. Man weiß nicht, ob man bleiben oder gehen soll. Der Astrologie zufolge sind Beziehungen auf der Basis eines Quadrats sehr schwierig, stehen unter Spannung, erzeugen Konflikte, schaden der Liebe, stören sie, führen zu einer Trennung oder lassen überhaupt keine Bindung zu. Sollte man dann nicht um solche Tierkreiszeichen besser einen weiten Bogen machen?
Das kann man so nicht sagen. Das Herz entscheidet sich, wie wir wissen, manchmal gerade für einen derartigen Partner. Es existieren auch zahlreiche solcher Liebesbeziehungen. Manche halten sogar ein ganzes Leben lang. Aber sie sind nicht einfach. Mit einem Löwe- oder Wassermannpartner werden Skorpione das Gefühl nie ganz los, dass sie sich nicht entspannen, sich nicht völlig gehen lassen können. Ein bisschen sieht immer alles nach Arbeit und nach Problembewältigung aus. Hier soll eine schicksalhafte Aufgabe gelöst werden.
Das ist meist auch der tieferliegende Sinn einer derartigen Beziehung. Man muss etwas lernen, bewältigen, in Ordnung bringen. Es gibt Astrologen, die behaupten, solche Bindungen hätten bereits in einem früheren Leben existiert. Damals aber habe man Fehler gemacht, sich nicht respektiert oder was auch immer. Daher müsse man in diesem Leben wieder zusammenkommen, um etwas gutzumachen. Wer weiß?
Sicher ist, dass Skorpione mit einem Löwe- oder Wassermanngeborenen etwas lernen. Sie können auch gar nicht anders, wenn ihre Beziehung Bestand haben soll. Eine derartige Partnerschaft ist sogar vorzüglich dafür geeignet, sich persönlich zu entwickeln, aber auch Karriere zu machen. Unbewusst »schiebt« einen der Löwe- oder Wassermanngeborene sozusagen auf der Karriere-

leiter aufwärts. Es kann genauso gut umgekehrt sein, dass Skorpione ihren Partner nach oben puschen. Die Karriere bzw. der Beruf ist dann etwas, woran sich die Spannung innerhalb einer »Quadratbeziehung« entladen kann.
Eine andere Möglichkeit ist die, dass Paare mit einer derartigen Tierkreiszeichen-Konstellation Kinder bekommen, die dann (auf positive Weise) ebenfalls als »Spannungslöser« wirken. Auch ein guter Freund oder enger Bekannter, sogar ein Haustier wie ein Hund oder eine Katze können diese Rolle übernehmen.

Was die Sterne über Skorpion und Löwe sagen

Eine Verbindung zwischen Vertretern dieser beiden Tierkreiszeichen ist mit Bestimmtheit eine spannungsgeladene und leidenschaftliche Beziehung. Beide haben einen starken Bezug zur Sexualität und zur Macht. Der Skorpion bringt seine Ansprüche allerdings auf indirekte Weise zum Ausdruck, während der Löwe dies mit einer geradezu verblüffenden Offenheit vollzieht.
Aber auch sonst sind diese beiden Menschen recht unterschiedlich, ja in manchen Angelegenheiten wie Tag und Nacht, Licht und Schatten. Ganz tief in ihrem Unterbewusstsein spiegeln sie sogar die Polarität zwischen Leben und Tod. Denn der Löwe fühlt sich zutiefst als Vertreter des Lebens und der Sonne als lebenspendender Kraft. Der Skorpion hingegen weiß um die Themen Tod und Vergänglichkeit und sucht daher einen tieferen Sinn hinter dem Leben.
Vergessen die zwei ihren Respekt voreinander oder verdrängen sie ihre Angst, ist die Partnerschaft ein einziger Machtkampf: zwei Sturköpfe, zwei Hardliner, die sich das Leben schwermachen und auch vor Bosheiten und Gemeinheiten nicht zurückschrecken. Einen Sieger gibt es in solcherart Zweisamkeit nie, sie endet immer remis oder im schlimmsten Fall für beide ruinös. Positiv umgesetzt, verhilft diese Beziehung allerdings dem Löwen dazu, seine Motive zu hinterfragen. Dadurch wird er noch stärker. Für einen Skorpion wiederum ist die Nähe eines Löwen ausgesprochen wohltuend, wärmend und beruhigend.

Was die Sterne über Skorpion und Wassermann sagen

Bei diesem Paar fragt man sich, wer eigentlich mutiger ist: der Wassermann, der sich mit einem Wesen einlässt, das nicht wie er nach dem Licht, sondern nach dem Dunklen trachtet und jedem gegenüber grundsätzlich misstrauisch ist. Oder der Skorpion, der ein möglicherweise geniales, aber völlig verkopftes Wesen liebt. Man merkt es schon, das Ganze sieht nach Dramen, Höllenqualen und einer Wahnsinnsliebe aus. Warum sollten sich zwei derartig widersprüchliche Menschen dann überhaupt zusammentun?

Wahr ist, dass es bei typischen Vertretern dieser beiden Tierkreiszeichen meistens des Sex wegen geschieht. Der Skorpion ist besessen von der Leidenschaft. Der Wassermann liebt exzessives Experimentieren. Wahr ist aber ebenso, dass jeder im anderen seinem eigenen Schatten begegnet. In der leichten, luftigen, verspielten Psyche des Wassermanns lebt nämlich auch ein dunkles, misstrauisches »Tier«. Und der überwiegend der Kultivierung des Schweren nachhängende Skorpion hat natürlich ebenso Seelenanteile eines völlig anderen, luftigen Menschen.

Klar, niemand mag sich ständig mit seinem Schatten herumschlagen. Daher ist diese Verbindung in der Regel auch nicht von Bestand. Die wenigen Menschen, die es schaffen, ihren eigenen Schatten im anderen zu lieben, und daher eine solche Partnerschaft eingehen, finden allerdings etwas Großartiges: eine Beziehung, aus der jeder der beiden einen enormen Gewinn zieht.

Das kleine Liebesgeheimnis

Wenn Sie als Skorpion einen Menschen kennen oder lieben, dessen Tierkreiszeichen Löwe oder Wassermann ist, haben Sie einen eher schwierigen Partner gewählt. Aber das muss in gar keiner Weise etwas Negatives sein. Wer will beurteilen, ob Beziehungen immer locker und leicht sein sollen? Lernen wir nicht alle aus dem, was schwierig, problematisch, unangenehm ist? Und das bedeutet ja auch keineswegs, dass Sie mit einem derartigen Partner nicht auch Ihr Glück finden.

Nur Folgendes sollten Sie wissen: Diese Beziehung braucht Kraft und Mut. Sie ist keine Angelegenheit, die so nebenbei läuft. Sie müssen sich immer wieder auseinandersetzen, zueinanderfinden, Ihre Unterschiede betonen und dennoch kompromissbereit sein.

Und Sie dürfen eins niemals vergessen: Sie sind diese Beziehung freiwillig eingegangen, Sie können sie notfalls auch wieder beenden. Es ist Ihre immer wieder neue Entscheidung (und natürlich auch die Ihres Partners), ob Sie zusammenbleiben wollen. Sie müssen sich nicht bis zur Selbsterschöpfung aufreiben.

Gute Freunde und mehr: Skorpion und Jungfrau · Skorpion und Steinbock

Die beiden Tierkreiszeichen Jungfrau und Steinbock sind dem Abschnitt Skorpion sehr nah, lediglich ein einziger Abschnitt des Zodiaks liegt jeweils dazwischen. Von daher darf man erwarten, dass es sich bei einem Jungfrau- oder Steinbockpartner um jemanden handelt, der ähnlich ist, die gleichen Anschauungen hat und so denkt und fühlt wie man selbst. Es ist ungefähr so, als würde man jemanden kennenlernen, der in unmittelbarer Nachbarschaft wohnt, in dieselbe Schule geht oder im selben Betrieb arbeitet. Trotzdem unterscheiden sich diese Menschen von Skorpiongeborenen in einem wesentlichen Punkt: Der Skorpion ist vom Element her Wasser; Jungfrau bzw. Steinbock jedoch sind Erdzeichen. Die Elemente Wasser und Erde ergänzen sich gut.

Insofern teilen Skorpione mit solchen Menschen viel Ähnliches und Verwandtes, aber es gibt auch mehr als genügend Unterschiedliches, so dass es sehr reizvoll ist, einander näher kennenzulernen. Und der Astrologie zufolge gehören diese Beziehungen zu den bestmöglichen!

Was die Sterne über Skorpion und Jungfrau sagen

Ihr gemeinsamer Nenner ist Perfektionismus, wenn auch in sehr unterschiedlicher Art. Der Skorpion will bis zum Kern der Dinge vordringen, und er macht sich mit seiner Tendenz zur Schwarzweißmalerei das Leben schwer. Die Jungfrau hingegen sucht nach der verlässlichen Realität.

Der Skorpion missachtet in den Augen der Jungfrau dann doch allzu sehr die »praktische Vernunft«, er lebt zu ungesund, zu riskant und zu emotional. Und aus der Sicht des Skorpions ist bei der Jungfrau genau das Gegenteil davon zu ausgeprägt.

Rein theoretisch wären diese zwei eine wunderbare Verbindung, denn »Erde« (Jungfrau) und »Wasser« (Skorpion) ergänzen sich wunderbar, kreieren zusammen »fruchtbares Land«. Wo diese Partnerschaft gewagt und durchgestanden wird, entwickelt sich denn auch ein sagenhaft starkes Bündnis, in dem jeder den anderen nach besten Kräften zu unterstützen vermag: Die Jungfrau bekommt Tiefe, Biss, Selbstvertrauen und Stärke. Der Skorpion wird aufgeschlossener, offener, freundlicher und gesünder.

Was die Sterne über Skorpion und Steinbock sagen

Es existieren in aller Regel genügend Gemeinsamkeiten zwischen beiden, aber es gibt auch ausreichend Unterschiede. Man kann also zusammenleben, ohne dass Eintönigkeit und Langeweile aufkommen. Das Wichtigste ist, dass sie gleich stark sind. Auf dieser Basis kann man etwas miteinander anfangen, sich immer wieder zusammenraufen und weiterentwickeln.

Beide teilen weitgehend ihre Vorstellungen von einer Partnerschaft. Beispielsweise ist es ihnen wichtig, sich an Absprachen zu halten, sich gegenseitig zu achten und wahrhaftig miteinander

umzugehen. Und es sind Menschen, die Tiefe anstreben und das Äußere schnell als schnöden Schein abqualifizieren.
Beim Thema Sex bestehen zwar zunächst große Unterschiede; denn der Skorpion ist ein Gefühlsmensch, für den es nichts Schöneres gibt, als sich seinen Emotionen hinzugeben, der Steinbock dagegen behandelt Gefühle etwas »von oben herab« und schaltet eher den Verstand vor. Aber in dieser Kombination überwiegt meistens doch die Ergänzung; denn der Skorpion ist auch froh über jemanden, der nicht so schnell »gefühlsgebeutelt« wird wie er selbst, während der Steinbock neben einem Menschen glücklich ist, der nicht wie er allem mit der Ratio zu Leibe rückt.

Das kleine Liebesgeheimnis

Wenn Sie als Skorpion einen Jungfrau- oder Steinbockgeborenen kennen, haben Sie einen für Sie idealen Partner gefunden. Sie werden sich prima verstehen, und Sie haben einen Menschen an Ihrer Seite, auf den Sie sich verlassen können. Ihr Partner ist vom Element her Erde, während Sie selbst ein Wasserzeichen sind. Erde und Wasser, so heißt es in der Astrologie, ergänzen sich bestens. Im Alltag werden Sie dies als Fröhlichkeit und Glück erleben.
Gelegentlich aufkommende Langeweile oder Disharmonien können Sie immer aus der Welt schaffen, indem Sie gemeinsam etwas unternehmen. Aber Sie sind »Freunde«, vergessen Sie das nie! Freunde versuchen sich nicht zu gängeln und auch nicht zu betrügen. Solange Sie diese »Spielregel« beachten, leben Sie in einer glücklichen Partnerschaft, die durch Kinder noch stabiler und erfüllter werden wird.

(Nicht immer) gute Nachbarn: Skorpion und Waage · Skorpion und Schütze

Die beiden Tierkreiszeichen Waage und Schütze liegen auf dem Zodiak unmittelbar neben dem Skorpionabschnitt. Von daher erwartet man vielleicht, dass man sich – wie es bei »richtigen« Nachbarn auch sein sollte – wunderbar versteht.

Einerseits trifft das sicher zu: Die Kombination von nebeneinanderliegenden Tierkreiszeichen ist tatsächlich häufig, und diese Beziehungen sind oft sehr befriedigend. Beide Partner haben das Gefühl, dass sie zueinander gehören, und fühlen sich, wenn sie sich kennenlernen, sehr schnell vertraut – so als wären sie uralte Bekannte, vielleicht sogar noch mehr, Geschwister zum Beispiel.

Aber das ist nur die eine Seite der Medaille. Wie es bei besagten »richtigen« Nachbarn oder Geschwistern bekanntermaßen auch vorkommt, entsteht schnell das Gefühl von Konkurrenz, Neid und Eifersucht. Es ist, als müsste sich jeder dem anderen gegenüber behaupten und besser, unabhängiger, liebevoller oder was auch immer sein. Insbesondere die Unterschiede werden dabei zu stark hervorgehoben. Solche Unterschiede bestehen ja in der Tat, aber sie sind etwas ganz Normales. Denn bei einem Skorpion handelt es sich um ein Wasserzeichen, während die Nachbarn den Elementen Luft (Waage) bzw. Feuer (Schütze) zugeordnet sind. Man ringt also um Abgrenzung und Individualität: Bei Geschwistern entwickelt man sich ab einem bestimmten Alter auseinander, aber keineswegs, weil man sich nicht mehr liebt, sondern weil man eigene Wege gehen muss und zu viel Nähe und Vertrautheit einen daran hindern würden. Ähnliches kann in einer Partnerschaft geschehen. Zwei Vertreter von Tierkreiszeichen, die nebeneinanderliegen, können zuweilen sogar recht niederträchtig miteinander umspringen. Hier gilt es, beizeiten zu lernen, sein Bedürfnis nach Abgrenzung auf positive Weise auszuleben. Denn nur dann, wenn man seine Individualität pflegt, ohne den anderen zu diskriminieren, gibt es eine glückliche Zweisamkeit, die Bestand hat.

Was die Sterne über Skorpion und Waage sagen

Bei der Verbindung zweier typischer Vertreter dieser beiden Tierkreiszeichen handelt es sich um ein ungleiches Paar. Die Waage sucht Harmonie und Frieden, umgeht Ecken und Kanten. Und der Skorpion hält es genau umgekehrt: Ihm ist Harmonie verdächtig, könnte sie doch etwas verdecken, was er dann an die Oberfläche zerren muss.

Außerdem sind dem Skorpion tiefe Gefühle zu eigen, und er neigt zur Eifersucht, weil er die Menschen, die er liebt, um keinen Preis verlieren will. Wenn ihm die Waage mit einem *zu* angepassten Verhalten begegnet, fühlt er sich provoziert. Da ist es gut möglich, dass er die friedliebende Waage mit seiner Intensität und Leidenschaftlichkeit überfordert.

Außerdem setzt der Skorpion Liebe und Selbstaufgabe gleich, während die Waage Liebe immer als die Begegnung zweier selbständiger Kräfte betrachtet. Und schließlich treffen unterschiedliche Erwartungen beim Thema Sex aufeinander: Der Skorpion träumt immer von leidenschaftlicher, verschmelzender Sexualität, die Waage sucht auch die Erhöhung, die Liebe im geistigen Verstehen.

Die Waage will Frieden und Harmonie in der Beziehung; allzu viele seelische Tiefgänge sind ihr eher ein Greuel. Sie lehrt den Skorpion Kompromissbereitschaft. Umgekehrt kommt die Waage durch den Skorpion mit ihrem Selbst in Berührung und ist gefordert, überholte Ansichten hinter sich zu lassen – eine gewaltige Herausforderung, die fruchtbar sein, sich aber auch furchtbar auswirken kann.

Was die Sterne über Skorpion und Schütze sagen

In dieser Verbindung trifft der Optimismus des Schützen auf das Misstrauen des Skorpions. Es besteht jedoch auch ein zweiter, fast noch wichtigerer großer Unterschied: Der Schütze beansprucht viel Freiheit, und der Skorpion neigt dazu, die Menschen, die er liebt, an sich zu fesseln.

Der experimentierfreudigen Schützenatur kommt die sexuelle Energie des Skorpions sehr entgegen. Als Liebespaar sind die beiden daher unglaublich stark. Bei einer Partnerschaft sieht es allerdings ganz anders aus. Denn der Schütze ist offen und flexibel, er findet erst so richtig zu sich, wenn er etwas Neues entdeckt. Der typische Skorpion hingegen hat feste Vorstellungen vom und fixe Einstellungen zum Leben. Neue Eindrücke werden von ihm nur insofern verarbeitet, als sie zu seinem bisherigen Leben passen. Das hat natürlich Konsequenzen für den ganz praktischen Alltag. Man mag häufig nicht das Gleiche, muss um Kleinigkeiten lange diskutieren, und jeder Entscheidungsprozess kostet Zeit.

Am ehesten klappt diese Partnerschaft, wenn eine klare Rollenteilung besteht, zum Beispiel die ganz »klassische«, dass der Schützemann die äußeren Belange vertritt, also arbeitet und Geld nach Hause bringt, während die Skorpionfrau die inneren Angelegenheiten – die Erziehung der Kinder, die Gestaltung der Wohnung und dergleichen – übernimmt. Es ist aber auch möglich, dass beide arbeiten und in der Karriere ihr wichtigstes Terrain zur Selbstverwirklichung sehen.

Das kleine Liebesgeheimnis

Mit einem Schütze- oder Waagepartner haben Sie als Skorpion einen wunderbaren Menschen an Ihrer Seite: Seine Welt ist Ihnen vertraut, er ist wie ein guter Bruder oder eine liebevolle Schwester zu Ihnen, er wird auf Sie aufpassen und Ihnen das Gefühl von Geborgenheit schenken – und genauso verhalten Sie sich umgekehrt ihm gegenüber.

Sie müssen aber wissen, dass Sie sich unter Umständen zu nahe sind, weswegen sich Ihre Unterschiede nicht richtig entfalten können. Eine derartige Beziehung geht nur dann gut, wenn Sie sich Ihre natürliche Verschiedenheit zugestehen und trotz Ihrer großen Nähe immer wieder ganz andere Wege gehen. Kultivieren Sie Ihren Unterschied! Lassen Sie nicht zu, dass Sie sich noch ähnlicher werden! Unternehmen Sie immer wieder einmal etwas allein – das hilft Ihrer Liebe.

Wenn es zu Konflikten kommt, ist es wichtig, dass Sie Differenzen herausarbeiten und sich auch gegenseitig zugestehen.

Ich liebe ... »mich«: Skorpion und Skorpion

Eine Beziehung zwischen Menschen mit dem gleichen Tierkreiszeichen ist so eine Geschichte für sich. Zum einen hat man seinen »Zwillingsbruder« bzw. seine »Zwillingsschwester« gefunden, und man kennt den anderen wie sich selbst. Man ist sich vertraut, denkt, fühlt, handelt genauso, und das kann wunderschön sein. Manchmal versteht man sich sogar ganz ohne Worte. Beim Thema Sex zum Beispiel scheint der andere genau die Wünsche zu erraten, die man selbst immer träumt.

Auf der anderen Seite kann man sich auch *zu* ähnlich sein. Menschen haben nicht nur ein Bedürfnis nach Nähe, Ähnlichkeit und Verständnis, sondern auch nach Individualisierung, nach Abgrenzung, nach dem Anderssein. Und genau dieses Bedürfnis »stört« in Beziehungen mit dem gleichen Tierkreiszeichen normalerweise

früher oder später die Liebe. Es kommt dann zu der paradoxen und absurden Situation, dass zwei Menschen, die sich im Grunde eigentlich so gleichen wie ein Ei dem anderen, plötzlich ihre Unterschiede betonen, als kämen sie von zwei verschiedenen Planeten, und sich am Ende überhaupt nicht mehr verstehen.
Wozu sollte man dann eine derartige Beziehung überhaupt eingehen? Nun, wie gesagt, hat man ja erstens oft gar keine andere Wahl, weil das Herz (Gott sei Dank!) allemal stärker ist als irgendwelche Theorien. Und zweitens ist eine Beziehung mit einem Menschen desselben Tierkreiszeichens sehr wohl ein Gewinn. Infolge der ständigen Auseinandersetzung mit dem »Doppelgänger« kann man nämlich damit beginnen, seine eigenen Qualitäten stärker zu erleben. Das ist insbesondere für diejenigen wichtig, die ihre Stärken und Schwächen nicht richtig kennen. Genauso bedeutsam ist ein anderer Aspekt: Wer einen Partner mit demselben Tierkreiszeichen liebt, kommt vielleicht auf diesem Weg auch zu der Liebe zu sich selbst.

Was die Sterne über Skorpion und Skorpion sagen

Zwei Skorpione sind doppelt so sinnlich und zweimal so leidenschaftlich wie einer. Das ist wohl der Grund, warum sich immer wieder Menschen mit diesem astrologischen Stammbaum ineinander verlieben. Allerdings sind zwei Skorpione auch doppelt so misstrauisch und eifersüchtig. Das ist dann wiederum die Ursache dafür, dass sie in aller Regel sehr selten lange zusammenbleiben.
Wenn doch, steckt meistens mehr als der Sog aus Sex und Leidenschaft dahinter: Lieben und leiden, dies mag für andere unerträglich sein, für zwei Skorpione kann dies jedoch das Lebenselixier schlechthin bedeuten. Keiner der beiden vermag ohne den anderen zu sein, keiner ist bereit, Kompromisse einzugehen, und keiner liebt Lauwarmes. Man hat den Eindruck, ihr Motto laute: »Was sich liebt, das quält sich!«
Vielleicht handelt es sich tatsächlich um eine alte karmische »Schuld«, die hier abgetragen wird, wie manche Astrologen glauben. Oder die beiden sehen die Beziehung selbst als sekundär im

Vergleich zu der Aufgabe, Kinder in die Welt zu setzen. Denn das ist bei so gut wie allen Skorpion-Skorpion-Verbindungen die Regel: Sie sind enorm fruchtbar, und es stellt sich schnell Nachwuchs ein.

Das kleine Liebesgeheimnis

Eine Beziehung zweier Menschen mit dem gleichen Tierkreiszeichen wird in aller Regel nach einer anfänglichen Phase kolossaler Euphorie mit Schwierigkeiten konfrontiert. Es geht dann darum, das Gemeinsame und das Unterschiedliche auseinanderzuhalten und sich nicht in extremen Positionen zu verlieren. Für eine derartige Beziehung ist es besonders wichtig, Unterschiede wohlwollend zu akzeptieren und sich gegenseitig möglichst viele Freiräume zuzugestehen.

Ganz falsch wäre es allerdings, wenn die Partner versuchten, ***noch*** *mehr Ähnlichkeiten herzustellen, zum Beispiel, indem sie miteinander arbeiten oder jede freie Stunde gemeinsam verbringen.*

Der Skorpion und seine Gesundheit

Seit über zweitausend Jahren existiert eine systematische astrologische Gesundheitslehre, und bis weit über das Mittelalter hinaus bedienten sich die meisten Ärzte dieser Systematik, um Krankheiten zu diagnostizieren und zu heilen. Ein guter Arzt war früher immer auch ein Astrologe. Seine Diagnose und Behandlung richtete sich nach den Sternen. Nie wäre einem damaligen Medicus eingefallen, einen Eingriff am Körper vorzunehmen, ohne die Konstellation der Sterne zu konsultieren. Erst im Zusammenhang mit dem in der Einleitung erwähnten Niedergang der Astrologie ab dem 16. bzw. 17. Jahrhundert trennte sich die Medizin von der Astrologie. In jüngster Zeit allerdings beginnen immer mehr ganzheitlich denkende Ärzte, sie wieder einzubeziehen, wenn es um Vorbeugung, Diagnose und Behandlung geht – und die Erfolge geben ihnen recht. Dass man zum Beispiel Operationen oder Zahnextraktionen besser bei abnehmendem Mond vornimmt, ist heute eine weitverbreitete Erkenntnis, was nicht nur viele Patienten wissen, sondern auch immer mehr Ärzte berücksichtigen. Ebenso findet die allgemeine astrologische Gesundheitslehre, wonach jedem Sternzeichen bestimmte Krankheitsdispositionen zugeordnet werden, bei immer mehr Menschen Beachtung. Ich bin überzeugt von ihr. Wer sich nach ihr richtet, bleibt länger gesund, jung, dynamisch und unterstützt bei einer Krankheit ohne Zweifel den Genesungsprozess.

Die Schwachstellen von Skorpiongeborenen

Dem Skorpion entsprechen die Geschlechtsorgane Penis, Vagina, Uterus, die Ausscheidungsorgane Blase, Mastdarm und Anus sowie die entsprechenden Funktionen wie Ejakulation oder Ausscheidung. Im Verhalten steht die Skorpionenergie für Sexualität und Hingabe. Entsprechend besteht bei Skorpionmenschen eine Neigung zu folgenden körperlichen und psychischen Störungen:

Unterleibserkrankungen wie Blasenentzündung bzw. -erkältung, Verstopfung, Durchfall. Hinzu kommen Erkrankungen an den Sexualorganen: Prostataschwellung, Uterussenkung, Vaginalentzündung oder Zysten.
Tatsächlich sprechen alle Erfahrungen dafür, dass Skorpione im Lauf ihres Lebens in diesen Bereichen eher Probleme bekommen als andere Menschen. Das sind also ihre Schwachstellen oder – medizinisch korrekt ausgedrückt – ihre »Loci minoris Resistentiae«. Aber das ist so nicht richtig. In Wirklichkeit handelt es sich nicht um schwache, sondern sogar um die stärksten Stellen ihres Seins. Sie sind daher auch ihr bevorzugtes Medium der Lebensbewältigung und werden entsprechend strapaziert. Skorpione müssen sich deshalb um diese Bereiche besonders kümmern, sie hegen und pflegen. Sie sind ihr größter Schatz.
Grundsätzlich können Skorpione natürlich auch allerhand andere Leiden bekommen, aber der Ursprung respektive die Ursache jeder Erkrankung – und das ist der springende Punkt – wird sich immer auf ihre Sexual- oder Ausscheidungsorgane zurückführen lassen. Hier nimmt jede Krankheit ihren Anfang.
Wie ist das zu verstehen? Die Suche nach einer Antwort führt über das normale Bewusstsein hinaus. Sie erschließt sich aus dem Innersten menschlichen Seins.

Hüter des Lebens

Den Sexualorganen obliegt eine unendlich wichtige Funktion: Dort nimmt das Leben seinen Anfang. Da entspringt der ewige Fluss des Lebens, beginnt die Zukunft. Leben zeugen und Leben geben ist das Wunder allen Seins. Nichts sonst ist dazu in der Lage – keine noch so ausgeklügelte Maschine: Wie der Lebensfunke überspringt, ist und bleibt ein Geheimnis.
Skorpione sind in ganz besonderer Weise dazu aufgefordert, das Leben zu sichern und weiterzugeben. Das ist ihr Karma. Skorpione sind die Garantie dafür, dass das Leben weitergeht.
Aber Leben zeugen und geben hat nicht nur eine physische Komponente, sondern auch eine seelische und geistige. Skorpione

transportieren auch das geistige Erbe in die Zukunft. Sie geben – ohne es meistens auch nur zu ahnen – das Gute einer Zeit weiter, legen es in den geistigen Strom, der aus der Ewigkeit kommt und in die Ewigkeit mündet.

Die Gift(ent)mischer

Das führt zu einer weiteren Aufgabe, für die Skorpione spezialisiert sind, nämlich der Ausscheidung von Giften, die vor allem Dickdarm und Blase übernehmen. Bei der Verarbeitung der Nahrung werden giftige Stoffe frei. Ohne die Fähigkeit des Körpers, sich von diesen Schad- und Giftstoffen zu befreien, gäbe es kein Leben.

Von hier nun lässt sich eine Brücke zu den Sexualorganen schlagen: Im Unterleib liegen Leben und Tod gewissermaßen nebeneinander, dort vollzieht sich eine ununterbrochene Trennung zwischen Leben und Tod. Das eine, das Dunkle, der Tod, wird ausgeschieden, das andere, das Helle, das Leben, bekommt eine Chance, Zukunft.

Und wieder bezieht sich das alles nicht nur auf Physisches, sondern genauso auf Geistiges: Skorpione müssen auch auf der geistigen Ebene das Gute vom Schlechten, das Leben vom Tod trennen. Das ist ihr Job, auch wenn ihnen das nicht bewusst sein sollte.

Dies ist die Ursache dafür, dass Skorpione so unerbittlich gegen alles Falsche antreten und sich in etwas hineinbohren können bis auf den Grund. Sie müssen herausfinden, was gut ist und was nicht, was taugt und was verzichtbar ist. Und das ist auch die Ursache dafür, dass sie so voller Leidenschaft sind.

Es geht immer um Leben und Tod – und wehe, es unterläuft ihnen hier ein Fehler. Skorpione müssen einen Weg finden, ihre karmische Aufgabe zu erfüllen, ohne krank zu werden. Skorpione müssen lernen, wie sie sich besser schützen können. Und das Wichtigste: Sie müssen es tun, bevor die ersten Verschleißerscheinungen auftreten.

Vorbeugung und Heilen

Am Anfang jeder vorbeugenden Maßnahme und jeder Heilung steht bewusstes Erkennen. Einsicht veranlasst uns mit der Zeit dazu, eine bestimmte (falsche, ungesunde) Art zu leben in eine bessere, gesündere zu ändern. Einsicht bedeutet aber auch noch mehr. Zwischen Erkenntnis und dem Körper besteht eine Verständigung. Wissen und Einsicht erhalten bzw. bewirken Gesundheit. Allein daran zu denken, dass eine besondere Veranlagung zu bestimmten Erkrankungen besteht, verändert nicht nur das Verhalten, sondern auch die entsprechenden Körperfunktionen.
Einsicht schließt auch ein Verstehen körperlicher und psychosomatischer Zusammenhänge ein. Wenn man verstanden hat, wie der Organismus funktioniert, und nachvollziehen kann, wie es zu körperlichen und seelischen Krankheiten kommt, wird jeder verantwortungsbewusste Mensch wacher und gesünder leben.

Keine falschen Tabus

Am wichtigsten ist, dass Skorpione nicht das Tabu übernehmen, das über den Themen Verdauung, Ausscheidung und Sexualität schwebt. Über eine Verstopfung oder eine Blasenentzündung kann man genauso frei sprechen wie über Kopf- oder Zahnschmerzen. Viele Urologen sowie Spezialisten für Haut- und Geschlechtskrankheiten klagen darüber, dass die Patienten viel zu spät in ihre Praxen kommen.
Falsch wäre dann aber eine ausschließlich medikamentöse Behandlung. Denn wenn einmal »unten etwas nicht mehr stimmt«, dann sind die Dinge wohl auch in der Psyche nicht ganz an ihrem Platz. Hier macht die klassische Medizin grobe Fehler, falls sie nur das Symptom behandelt und die dem Leiden zugrunde liegende seelische Störung einfach ignoriert oder negiert. Vielmehr ist darüber hinaus ein einfühlsames Gespräch notwendig, eventuell auch eine Therapie, um die psychischen Auslöser zur Sprache zu bringen und damit ein Wiederauftreten der Krankheitszeichen zu verhindern.

Wenn es im Bett nicht klappt

»Du hast schon so lange nicht mit mir geschlafen, ich glaube, du liebst mich nicht mehr«: Dies ist ein Standardsatz in vielen Beziehungen. Dabei gehört bereits einiger Mut dazu, ihn überhaupt auszusprechen; denn nicht wenige Partner schmollen stattdessen einfach und versuchen auf diese Weise auszudrücken, dass sie zu kurz kommen.

Über sexuelle Probleme zu reden ist bereits der erste Schritt, nicht an den für Skorpione typischen Symptomen zu erkranken. Der zweite ist, mit der unsinnigen Gleichsetzung von Sex und Liebe aufzuhören. Sexualität ist nicht alles. Zwei Menschen, die sich lieben, wachsen über die bloße Geschlechtlichkeit hinaus. Manchmal sind Erkrankungen an den Sexualorganen sogar ein Hinweis darauf, dass die Partnerschaft zu stark bzw. ausschließlich auf das Geschlechtsleben ausgerichtet ist.

Skorpione neigen auch stärker zu Frigidität und Potenzstörungen. Handelt es sich dabei um ein permanentes Problem, dann sollte man einen Psychologen aufsuchen. Bei vorübergehenden Beeinträchtigungen oder bei Orgasmusschwierigkeiten reichen oft auch schon Selbsthilfemaßnahmen. Dabei lautet das oberste Gebot, keinerlei Druck auszuüben und sich umgekehrt nicht unter Druck setzen zu lassen. Wenn es im Bett nicht so richtig klappt, dann sollte man die Fixierung auf den eigentlichen Höhepunkt aufgeben, also die genitale Vereinigung und den Orgasmus. Denn jede krampfhafte bzw. angstbesetzte Erwartungshaltung erreicht genau das Gegenteil des Gewünschten.

Das zweite Gebot lautet, spielerisch mit dem gesamten Körper umzugehen, sich zu streicheln, sich zu massieren oder einfach nebeneinanderzuliegen und sich zu berühren.

Es gibt spezielle Therapien bei sexuellen Störungen. Günstig ist es immer, wenn beide Partner gemeinsam daran teilnehmen. Als Methoden kommen Paar- respektive Partnertherapie, Familientherapie, Tantra oder Sexualtherapie in Frage.

Die richtige Reinigung

Skorpione haben es in starkem Maß mit Schadstoffen und Giften zu tun. Sie müssen daher lernen, wie sie sich von diesen Substanzen – den physischen wie übertragen auch den psychischen – wieder befreien können.

Hier einige Tipps: Sofern aus ärztlicher Sicht nichts dagegen spricht, sind regelmäßige Besuche in der Sauna angezeigt; dabei schwitzt man Schadstoffe aus. Durch viel Bewegung wird nicht nur der Kreislauf angeregt, der Körper kommt auch ins Schwitzen und entschlackt sich dadurch. Quellwasser durchspült den Körper. Bei Blasenerkältungen helfen warme Sitzbäder, Blasen-Nieren-Tee und das Warmhalten der betroffenen Körperregion. Dazu ein chinesisches Hausmittel: Reis wird in ein kleines Säckchen gefüllt, im Backofen erhitzt und dann auf die schmerzende Stelle gelegt.

Auch um die Entsorgung des »seelischen Mülls« müssen sich Skorpione kümmern. Es ist falsch, Zorn, Neid, Ärger oder andere negative Gedanken und Gefühle lange mit sich herumzuschleppen. Es gibt dafür verschiedene Reinigungsrituale. Beispielsweise kann man sich nach einer belastenden Situation entspannen und alles Schwere und Frustrierende autosuggestiv aus sich weichen lassen. Manche Menschen nehmen eine Dusche und reinigen ihre Psyche symbolisch mit Wasser. Entscheidend ist, das »Gift« auch innerlich loszulassen. Es wird wenig fruchtbar sein, sich mit jemandem auseinanderzusetzen und dabei nicht innerlich zum Loslassen bereit zu sein. Der Skorpion muss dies lernen, erst dann ist die Ausscheidung wirklich vollzogen.

Die Apotheke der Natur

Im November sammelt der Kräuterkundige Hagebutten. Sie besitzen einen hohen Gehalt an Vitamin C und eignen sich vorzüglich als Reinigungs-, Blasen- oder Nierentee. Ebenfalls zu dieser Zeit sollte man nach Skabiosenwurzeln (Grind- bzw. Krätzkraut) graben. Sie werden länglich geschnitten, auf einen Faden gereiht und getrocknet. Zur Behandlung eines Ausschlags legt man die Wurzel einige Zeit in Milch oder Wasser und trinkt davon. Das reinigt, trägt Schleim ab und vertreibt den Ausschlag. Hagebutten und Skabiosen sammelt man am besten in den zwei bis drei Tagen, während derer der Mond durch den Abschnitt Skorpion wandert.

Die richtige Diät für Skorpione

Mindestens zweimal im Jahr sollten Skorpione fasten. Denn das reinigt nicht nur den Körper, sondern auch die Seele. Der beste Zeitpunkt dafür liegt vor ihrem Geburtstag und dann wieder in der Fischezeit (vom 20. Februar bis zum 20. März). Bei einer Fastenkur ist es günstig, zuvor mit dem Hausarzt oder Heilpraktiker zu sprechen, um eventuelle gesundheitliche Risiken auszuschließen. Wer völlig gesund ist, braucht natürlich keinerlei Komplikationen zu befürchten. Die Fastenkur sollte etwa ein bis zwei Wochen lang durchgeführt werden.
Eine Gemüse-Obst-Kur mit frischen, natürlichen Produkten ist ebenfalls eine gute Reinigungsmaßnahme. In diesem Zusammenhang muss erwähnt werden, dass handelsübliche Obst- und Gemüsesäfte immer erhitzt und daher für eine Reinigung ungeeignet sind. Für Nichtvegetarier oder Laktovegetarier ist Eiweißfasten eine sehr gute Entschlackungsmethode. Dabei wird mindestens zwei Wochen lang auf Fleisch, Fisch, Eier, Nüsse, Milch-, Soja- und Bohnenprodukte verzichtet.
Eine zumindest am Anfang recht angenehme Reinigung bewirkt die Traubenkur im Herbst: Ungefähr eine Woche lang isst man so viele reife, ungespritzte Trauben, wie man möchte.

Beruf und Karriere

In schweren und in guten Zeiten

Vielleicht ist bedingt durch meine eigene Tätigkeit als Psychotherapeut und Astrologe meine Auswahl von Skorpionberufen leicht einseitig. Aber ich kenne vor allem solche Vertreter dieses Tierkreiszeichens, die sich von einem Beruf angesprochen fühlen – oder ihn auch ausüben –, bei dem es darum geht, anderen zu helfen: Psychologe, Arzt, Heilpraktiker, Sozialarbeiter, Suchttherapeut, Krankenpfleger, Operationsschwester, Sterbebegleiter ... Auch Tätigkeiten, die nur indirekt mit Heilen und Helfen zu tun haben, ziehen Skorpione magnetisch an, etwa Sprechstundenhilfe, Krankenwagenfahrer, Apotheker oder Pharmalaborant.

Fischegeborene ergreifen ebenfalls gern helfende Berufe. Aber ihr Wunsch ist, andere zu trösten. Schützen wiederum werden Helfer, weil sie Mut machen wollen. Skorpione jedoch sind solche Vertreter ihres Berufes, die sagen: »Ich gehe mit dir – wenn es sein muss, auch durch die Hölle.« Weil sie sich vor tiefsten Schmerzen, Erniedrigungen und selbst der Fratze des Bösen nicht fürchten, können sie Menschen beistehen, die an der Schwelle des Todes, am Rande oder sogar außerhalb der Gesellschaft stehen.

Aber auch mit dem genauen Gegenteil – nämlich den Themen Geburt, Zeugung, Sexualität und Transformation – haben Skorpione beruflich zu tun. Gerade weil sie den Tod als Teil des Lebens achten, entdecken sie ebenso sein anderes Gesicht: dass er nur ein Stadium im ewigen Kreislauf des Daseins ist, dass jedem Sterben ein Auferstehen folgt. Allem, was zu einem neuen biologischen wie spirituellen Leben führt, gehören ihr Interesse und ihre Arbeitskraft: Befruchtung, Zeugung, Schwangerschaft, Geburt, aber auch der ganze Bereich der Verhütung, Liebe, Leidenschaft, Beziehung, Religion, Spiritualität. Ein in diesem Zusammenhang modernes und zukunftsweisendes Gebiet ist die Gentechnologie. Skorpionmenschen leben zudem in großer Verbundenheit mit

Vergangenem, Tradition, Ritualen, der Sippe, dem Volk. Aus diesem Grund finden sie auch als Richter, Notar, Beamter oder Angestellter in Einwohnermeldeämtern und Kanzleien Bestätigung und Erfüllung.

Gut getarnt und unerkannt

Bei diesen zum Teil dramatischen und außergewöhnlichen beruflichen Neigungen von Skorpionen erstaunt es, wenn man Gunter Sachs' Untersuchung *Die Akte Astrologie* zur Hand nimmt und dort liest, dass Skorpione am häufigsten Bäcker, Maurer, Maler, Schneider, Friseur, Buchhalter und Schreiner werden – also völlig unspektakuläre Berufe ergreifen. Wie passt das zu der leidenschaftlichen und intensiven Lebensart von Skorpionen?

Zum einen müsste man sich über Skorpione, die derartige Berufe ausüben, erst einmal genauer informieren: Ich denke beispielsweise an eine Sekretärin bei einem Rechtsanwalt, an die Pressesprecherin einer großen Brauerei, an einen Auslieferer von Sanitätsprodukten und einen Friseur. Wenn man diese Menschen über ihre Tätigkeiten sprechen hört oder sie dabei beobachtet, tritt das Skorpionische deutlich zutage: Die Sekretärin hat einen Chef, von dem sie selbst sagt, dass er mit einem Fuß im Gefängnis steht, weil er ständig irgendwelche korrupten Geschäftsleute vertritt. Die Pressesprecherin der Brauerei muss häufig Ungereimtheiten bei Entscheidungen der Konzernleitung positiv »verkaufen«, kennt die Schwächen und Neurosen ihrer Chefs in- und auswendig, ist gleichermaßen Krankenschwester, Mädchen für alles und lächelndes Aushängeschild. Der Fahrer wiederum kommt durch die Rationalisierungen der Transportfirma derartig unter Druck, dass er, wie er es nennt, bei seinen Fahrten täglich Kopf und Kragen riskiert bzw. mit dem Gesetz in Konflikt gerät. Und der Friseur schneidet, formt und färbt zwar völlig unspektakulär die Haare, aber er unterhält sich dabei mit seinen Kunden wie ein Psychotherapeut, tröstet, klärt auf und erteilt Ratschläge.

Zum anderen neigen Skorpione tatsächlich zur Unauffälligkeit, aber als Tarnung. Sie ähneln darin den wirklichen Skorpionen in der Wüste, die in ihrer Färbung der jeweiligen Bodenbeschaffenheit angepasst sind. Skorpionmenschen wollen unerkannt bleiben, sie scheuen das Licht der Öffentlichkeit. Sie gehören zum Wasserelement, was besagt, dass sie erst unter der Oberfläche, in der Tiefe, ihr Wesen offenbaren. Andere Tierkreiszeichen, beispielsweise Stier, Löwe oder Wassermann, stehen gern im Mittelpunkt oder an der Spitze des Geschehens, führen an, stellen sich ins Rampenlicht, suchen Anerkennung und genießen das Gefühl der Macht. Das Skorpionische bewirkt etwas anderes, nämlich Zurückhaltung. Ich kenne einen Skorpion, welcher der »zweite Mann« hinter einer großen Zeitschrift ist. Er vertraute mir einmal sein »Geheimnis« an: »Ich bin jetzt seit zwanzig Jahren stellvertretender Chef. Viele fragen mich, warum ich nie erster geworden bin. Warum sollte ich? Seit ich hier bin, habe ich sieben Chefs kommen und gehen sehen – und es werden noch mehr werden. Ich bleibe lieber im Hintergrund; nicht weil ich Angst hätte, sondern weil ich aus dieser Position heraus alles viel besser im Griff habe.«

Das Arbeitsumfeld und die Berufe

Wo arbeiten Skorpione am liebsten?

Skorpione arbeiten mit Vorliebe in Berufen, in denen Mut, Härte und Durchhaltevermögen gebraucht werden. Wo es um Gefahren, Leben und Tod geht, sind typische Vertreter dieses Tierkreiszeichens in ihrem Element. Spielen bei einer Tätigkeit Räume der Seele, der Magie, des Okkulten eine Rolle, werden Skorpione auch davon angesprochen. Arbeiten, die eine besondere menschliche Nähe und Bindung zum Inhalt haben, und Berufe im Zusammenhang mit Versicherungen, besonders Lebensversicherungen, dem Rentenmarkt oder der Nachlassverwaltung sind typisch für Skorpiongeborene. Man findet sie vornehmlich ebenso im Notariat, im

Erbgericht oder auf dem Einwohnermeldeamt. Wo außerordentliches oder übersinnliches Wissen eine Rolle spielt, wo geforscht wird oder wo es um Zeugung, Geburt und Schwangerschaft geht – da fühlt sich der Skorpion beruflich gut aufgehoben. Ist das Wohl der Familie Hauptthema einer Arbeit, hat der Skorpion auch hier ein geeignetes Betätigungsfeld gefunden, ebenso wenn es um Geheimnisse, um Tradition und Recht, um Abfallverarbeitung und Umweltbewusstsein geht. Verlangt ein Beruf Mitgefühl für Kranke und Außenseiter, fühlt sich der Skorpion an der richtigen Stelle.

Berufe der Skorpione

A/B (Angestellter/Beamter) Arbeitsverwaltung, A/B Kriminalpolizei, A/B Polizei, A/B Sozialversicherungsanstalten, A/B Strafvollzugsdienst, Altenpfleger, Apotheker, Archivar, Arzthelfer, Astrologe, Astronom, Berufe in Umweltorganisationen, Bibliothekar, Bilanzbuchhalter, Biochemiker, Biologe, Biologielaborant, biologisch-technischer Assistent, Biophysiker, Biotechniker, Botaniker, Chemielaborant, Chemiker, chemisch-technischer Assistent, Chemotechniker, Diakon, Dipl.-Ing. Fachrichtung Chemie, Dipl.-Ing. Hoch- und Tiefbau, Dipl.-Ing. im Metallbereich, Dipl.-Ing. in der Entwicklung, Dipl.-Ing. Fertigungstechnik, Diplompsychologe, -sozialarbeiter, -physiker, -volkswirt, Dorfhelfer, Facharzt für Allgemeinmedizin, Facharzt für Chirurgie, Fachlehrer, Fachwirt für Tagungs-, Kongress- und Messewirtschaft, Familienpfleger, Fußpfleger, Gentechniker, Geologe, Geophysiker, Germanist, Gewerkschaftsfunktionär, Grund- und Hauptschullehrer, Hebamme, Heilerziehungspfleger, Heilerziehungspflegehelfer, Heilpädagoge, Heilpraktiker, Heimerzieher, Heimleiter, Historiker, Hochschullehrer, Jugendpfleger, Kernphysiker, Kindergärtnerin, Kinderkrankenschwester, Kinderpflegerin, Krankengymnast, Krankenpflegehelfer, Krankenpfleger, Krankenschwester, Kultur-/Medienmanager, Landespfleger, Landwirt, landwirtschaftlich-technischer Assistent, Lebensmittelchemiker, Lehrer in der Erwachsenenbildung, Masseur, medizinisch-technische Assistentin (MTA), medizinischer Bademeister, Meteorologe, Mikrobiologe, Mineraloge, Notar, Ökologe, Organisator, pädagogischer Assistent, Philologe, Philosoph, physikalisch-technischer Assistent, physiologischer Chemiker, Politiker, Politologe, Programmierer, Psychotherapeut, Realschullehrer, Rechtsanwalt, Rechtspfleger, Recyclingfachmann, Rektor, Religionswissenschaftler, Sonderschullehrer, Sozialwissenschaftler, Speditionskaufmann, staatlich geprüfter Betriebswirt, Staatsanwalt, Theologe, Tierarzt, Tierpräparator, Umweltberater, Verkäufer, Versicherungskaufmann, veterinärmedizinische Assistentin, Wirtschaftsjurist, Wirtschaftsprüfer, Zahnarzt, Zahnarzthelferin, Zoologe.

Test: Wie »skorpionhaft« sind Sie eigentlich?

In diesem Test kann man erfahren, wie skorpionhaft man als Skorpiongeborener ist. Man gehe dabei folgendermaßen vor: Möchte man eine Frage mit einem Ja beantworten, soll man jeweils die Zahl ankreuzen. Wenn man also gern Testfahrer wäre, kreuzt man die Zahl 1 an (ein Nein wird nicht notiert).

	+		–
Wären Sie gern Testfahrer?	+	1	
Sind Sie ein Mensch, der gern Geld zurücklegt?		2	
Halten Sie sich eher an den Grundsatz »Lieber zweimal fragen als einmal etwas falsch machen«?	+	3	
Sind Sie gern unter Menschen?		4	
Möchten Sie in einem Restaurant die Gäste empfangen und an den Tisch begleiten?		5	
Sagen Sie gern anderen, was sie tun sollen?		6	
Würden Sie gern allein in einer Wetterstation arbeiten?		7	
Möchten Sie mit schwierigen Kindern und Jugendlichen arbeiten?		8	
Möchten Sie gern schwerkranke Menschen betreuen?		9	
Ist es Ihnen egal, was Sie arbeiten, Hauptsache, das Geld stimmt?		10	
Möchten Sie Nachrichtensprecher beim Fernsehen sein?		11	–
Können Sie gut warten?		12	
Ist Ihnen Harmonie wichtig?		13	
Möchten Sie als Animateur andere Menschen unterhalten?		14	–

	+		–
Stehen Sie gern in der Öffentlichkeit?		15	
Möchten Sie Falschparkern einen Strafzettel geben?		16	
Möchten Sie Post durch die Frankiermaschine laufen lassen?		17	
Möchten Sie Gehälter abrechnen?		18	
Unterhalten Sie andere Leute gern?		19	
Möchten Sie an toten menschlichen Körpern experimentieren?		20	
Könnten Sie von der Hand in den Mund leben?		21	
Interessieren Sie sich für Äußerlichkeiten?		22	
Mögen Sie Spannung und Dramatik?		23	
Führen Sie gern technische Berechnungen durch?		24	
Wären Sie gern ein Entdeckungsreisender oder ein Forscher?		25	
Können Sie sich leicht umstellen?		26	
Möchten Sie auf einer Bühne stehen?		27	
Möchten Sie Wunden verbinden?		28	
Können Sie leicht auf die Tageszeitung verzichten?		29	
Möchten Sie gern Kinder betreuen?		30	
Halten Sie Gefühle für wichtiger als den Verstand?		31	
Können Sie leicht aus sich herausgehen?		32	
Liegt Ihnen das Wohlergehen anderer am Herzen?		33	
Sind Sie gern Gastgeber?		34	
Betreuen Sie gern Kranke?		35	
Möchten Sie gern Lehrer sein?		36	

	+		–
Möchten Sie bei Katastropheneinsätzen mithelfen?		37	
Gehen Sie gern und häufig aus?		38	
Möchten Sie Menschen beraten?		39	
Möchten Sie Schaufenster dekorieren?		40	
Möchten Sie gefährliche Chemikalien transportieren?		41	
Würden Sie gern an einem Bankschalter stehen?		42	
Treiben Sie gern Sport?		43	
Möchten Sie ein Buch über menschliche Sexualität schreiben?		44	
Würden Sie gern Astronaut sein?		45	
Schließen Sie leicht Kontakt?		46	
Möchten Sie gern Reporter sein?		47	
Übernehmen Sie gern Verantwortung?		48	
Wären Sie gern Fotomodell?		49	
Können Sie leicht bei einer Sache bleiben?		50	
Summe	___	___	___

Auswertung

Schreiben Sie immer dann ein Plus (+) links neben die Zahl, wenn Sie die Nummern 1, 3, 8, 9, 20, 23, 25, 28, 30, 33, 35, 37, 39, 41, 44, 48 angekreuzt haben (maximal sechzehnmal ein Plus).
Tragen Sie immer ein Minus (–) neben der Zahl ein, wenn Sie die Nummern 2, 5, 11, 14, 15, 17, 22, 26, 32, 40, 46, 49 angekreuzt haben (maximal zwölfmal ein Minus).
Ziehen Sie die Anzahl der Minus- von der Anzahl der Pluszeichen ab. Die Differenz ist Ihr Testergebnis.

Interpretation

Ihr Testergebnis beträgt 6 oder mehr Punkte: Sie sind eine hundertprozentige Skorpionpersönlichkeit. Alles, was in diesem Buch über die Natur Ihres Tierkreiszeichens geschrieben steht, trifft in besonderem Maß auf Sie zu. Sie sind sozial, anhänglich, gefühlvoll, hinterfragend und tiefgründig, aber auch eifersüchtig und skeptisch. Vor allem sind Sie ein extremer Mensch, der allem Seichten und Oberflächlichen grundsätzlich misstrauisch gegenübersteht.

Ihr Testergebnis liegt zwischen 2 und 5 Punkten: Bei Ihnen ist das Skorpionnaturell gedämpft. Wahrscheinlich haben Sie einen Aszendenten, der die Qualität Ihrer Skorpionpersönlichkeit in einer anderen Richtung beeinflusst, oder Ihr Mond hat diese Wirkung. Für Sie ist es daher interessant, die Stellung Ihres Mondes und Ihren Aszendenten im zweiten Teil dieses Buches kennenzulernen. Es kann aber auch sein, dass Sie durch frühere Erfahrungen dazu veranlasst wurden, Ihr Skorpionnaturell abzulehnen. Dann ist es besonders wichtig, dass Sie sich damit wieder anfreunden und es mehr zulassen.

Ihr Testergebnis beträgt weniger als 2 Punkte: Sie sind eine untypische Skorpionpersönlichkeit. Wahrscheinlich haben Sie einen Aszendenten, der sich völlig anders als das Skorpionprinzip deuten lässt, oder Ihr Mond steht in einem solchen Zeichen. Es wird sehr spannend für Sie sein, dies im zweiten Teil des Buches herauszufinden. Sie haben es aber im Lauf Ihres Lebens womöglich auch für nötig befunden, Ihre Skorpionseite abzulehnen und zu verdrängen. Es ist daher Ihre Aufgabe, sich mit diesem Teil Ihrer Persönlichkeit wieder anzufreunden: Sie sind zu einem großen Teil ein »Geschöpf des Wassers«, das seine Erfüllung in Bindungen findet und durch Hingabe über sich selbst hinauswächst.

Teil II
Die ganz persönlichen Eigenschaften

Der Aszendent und die Stellung von Mond, Venus & Co.

Vorbemerkung

In Teil I wurde erläutert, wie man zum »Sternzeichen« Skorpion kommt, nämlich dadurch, dass die Sonne zum Zeitpunkt der Geburt in diesem Abschnitt des Tierkreises stand. Nun gibt es in unserem Sonnensystem bekanntlich noch andere Himmelskörper, von denen der Erdtrabant Mond und die Planeten für die Astrologie bedeutsam sind. Sie alle haben ebenfalls entsprechend ihrer Stellung bei einer Geburt eine spezifische Aussagekraft. Obendrein spielen auch noch der Aszendent, die astrologischen Häuser und weitere Faktoren eine Rolle. Alles zusammen ergibt ein Horoskop.

Dieses Wort hat seine Wurzeln im Griechischen und heißt so viel wie »Stundenschau«, weil ein Horoskop auf die Geburtsstunde (eigentlich Geburtsminute) genau erstellt wird. Es ist also eine – in Zeichen und Symbole übersetzte – Aufnahme der astrologischen Gestirnskonstellationen zum Zeitpunkt einer Geburt. Es spiegelt die vollständige Persönlichkeit eines Menschen wider.

Im Folgenden werden die neben der Sonne wichtigsten Größen eines Horoskops gedeutet: Aszendent, Mond, Merkur, Venus, Mars, Jupiter und Saturn. Sie können mit Hilfe des Geburtstags und der Geburtszeit ihre Position im Tierkreis ermitteln und dann die jeweilige Bedeutung kennenlernen. Die Interpretation dieser Horoskopfaktoren ist manchmal vom Sonnenzeichen des oder der Betreffenden abhängig, im Großen und Ganzen jedoch nicht. Entsprechend findet man in den verschiedenen Bänden dieser Buchreihe in der jeweiligen Beschreibung die gleichen oder ähnliche Aussagen.

Auf der anderen Seite ist es wichtig, zu verstehen, dass die Interpretation einer einzelnen Größe wie zum Beispiel Aszendent,

Mond oder Sonne immer nur einen bestimmten Aspekt wiedergibt, der eventuell widersprüchlich zu dem sein kann, was über einen anderen Faktor gesagt ist. Die Kunst der Astrologie besteht aber gerade darin, Verschiedenes, eventuell sogar sich Widersprechendes, miteinander zu verbinden bzw. gemäß der eigenen Intuition und Erfahrung zu gewichten.
Wie erfährt man nun, in welchem Tierkreiszeichen die weiteren Horoskopfaktoren stehen? Astrologen mussten früher den Himmel studieren, um herauszufinden, welche Position die wichtigen Gestirne einnahmen. Aber wie gesagt erstellten findige Köpfe schon bald Tabellen, sogenannte Ephemeriden, denen man den Lauf der Planeten entnehmen konnte. Seit der Erfindung und Verbreitung der Computertechnologie kann man nun auch auf diese Ephemeridenbücher verzichten. Man ersteht ein Astrologieprogramm, gibt Geburtstag, -zeit und -ort ein, und auf einen Klick erscheinen alle Angaben, die man braucht. Heute ist infolge der großen Verbreitung des Internets auch das eigene Astrologieprogramm überflüssig geworden. Im World Wide Web existieren Plattformen, auf denen sich ebenfalls ganz einfach die Planetenpositionen errechnen und darstellen lassen. Man kann zum Beispiel über die Homepage des Autors sämtliche Angaben über die exakte Position von Sonne, Mond, Aszendent und der weiteren Gestirne in einem Horoskop kostenlos herunterladen. Die Adresse: www.bauer-astro.de.

Die Grafik auf der folgenden Seite zeigt das Horoskop einer berühmten Skorpiongeborenen, nämlich der amerikanischen Filmschauspielerin und späteren monegassischen Fürstin Grace Kelly alias Gracia Patricia. Sie wurde am 12. November 1929 um 4.00 Uhr in Philadelphia/Pennsylvania (USA) geboren. Das Horoskop hält den Geburtsmoment grafisch fest. Die Sonne ☉ stand im Zeichen Skorpion unten im Horoskop ♏. Aber die Sonne ist nur eine Größe ihres Horoskops. Man erkennt links den Aszendenten *AC*, der im Löwezeichen ♌ liegt. Der Mond ☽, rechte Seite oben, befand sich bei ihrer Geburt im Zeichen Fische ♓. Außerdem sind noch viele weitere Gestirne und wichtige Punkte im Horoskop enthalten. Ein ausführliches Horoskop berücksichtigt die Position aller Gestirne und des Aszendenten und kommt erst dann zu einer umfassenden und gründlichen Persönlichkeitsdiagnose.

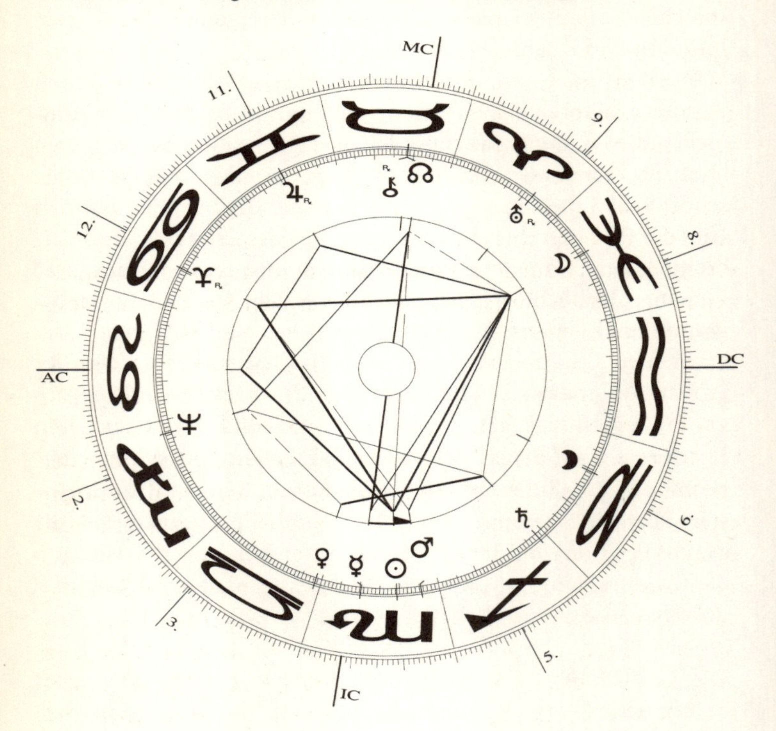

Der Aszendent – Die individuelle Note

Die Bedeutung des Aszendenten

Wir sprechen in diesem Buch vom Sonnenzeichen Skorpion, dies ist aber wie gesagt nur *ein* Aspekt einer Persönlichkeit. Die Astrologie kennt noch viele andere, wovon der Aszendent der wichtigste ist. Für die Bestimmung des Aszendenten muss man allerdings die genaue Geburtszeit kennen. Sie ist erfahrbar, weil sie auf dem Standesamt des Geburtsorts festgehalten wird. Wenn Sie also nicht die Zeit kennen, zu der Sie das Licht der Welt erblickt haben, können Sie dort anfragen und um Auskunft bitten.

Als ich vor über dreißig Jahren damit begann, Horoskope zu erstellen, war ich zunächst sehr erstaunt darüber, dass die Geburtszeit neben dem Geburtstag in den Büchern der Standesämter festgehalten wird. Der Geburtstag dient dem Staat neben anderen Angaben zur eindeutigen Identifizierung einer Person. Aber welchen Zweck erfüllt die Geburtszeit für die Bürokratie? Für mich liegt darin auch heute noch kein größerer Nutzen als dieser: Durch die schriftliche Fixierung der Geburtszeit liefern die Behörden der Astrologie die wichtigste Berechnungsgrundlage und ermöglichen so jedem Menschen einen Blick auf den ganz persönlichen, einzigartigen Anfang seines Lebens.

Der Aszendent symbolisiert die individuelle Note. Das Sonnen- oder Tierkreiszeichen Skorpion hat man ja gemeinsam mit allen Menschen, die zwischen dem 24. Oktober und dem 22. November geboren sind. Der Aszendent jedoch ergibt sich aus der ganz persönlichen Geburtszeit. Aber was bedeutet der Aszendent? Bekanntlich dreht sich die Erde in zirka 24 Stunden um ihre eigene Achse. Von der Erde aus gesehen, beschreibt die Sonne dabei aber einen Kreis um unseren Planeten. Dieser Kreis wird – ebenso wie beim scheinbaren Kreislauf der Sonne um die Erde innerhalb eines Jahres – in zwölf Abschnitte unterteilt: die zwölf Zeichen des Tierkreises. Entsprechend steigt am östlichen Horizont etwa alle zwei Stunden ein neues Tierkreiszeichen auf. Dasjenige, das zum Zeitpunkt einer Geburt (oder eines anderen wichtigen Ereignis-

ses) gerade dort aufging, nennt man »Aszendent« (dieser Begriff ist abgeleitet vom lateinischen Verb *ascendere* = »aufsteigen«).
Die Deutung des Aszendenten ist auch dementsprechend: Zunächst einmal wollen die Anlagen (repräsentiert durch den Aszendenten) das Gleiche wie das Tierkreiszeichen am Himmel, nämlich »aufgehen«. Wenn jemand zum Beispiel Aszendent Widder »ist«, strebt die durch dieses Zeichen symbolisierte Kraft danach, im Leben des Menschen mit Aszendent Widder aufzugehen. Es versuchen sich also Widderkräfte zu verwirklichen. Allerdings sind mit einem bestimmten Aszendenten zwar bestimmte Muster und Energien vorgegeben. Aber es bleibt immer eine Freiheit in der Gestaltung. Je mehr es einem gelingt, sich vom Allgemeinen abzuheben, umso individueller und einmaliger wird man sein und umso eher erfüllt man seine eigentliche Bestimmung, nämlich ein einmaliger und unverwechselbarer Mensch zu sein.
Ergänzen sich Aszendent und Tierkreiszeichen, dann fällt dies leicht. Zuweilen sind sie aber völlig entgegengesetzt. Entsprechend fällt es einem schwerer, seinen Aszendenten neben seinem Sternzeichen in sein Leben zu integrieren. Der Aszendent dient also einerseits dazu, uns eine individuelle und besondere Note zu verleihen. Darüber hinaus begleitet den Aszendenten ein Sehnen, sich in eine kosmische oder spirituelle Kraft zu verwandeln, »in den Himmel zu steigen«, wie ja auch das tatsächliche Aszendentenzeichen sich im Osten von der Erde erhebt und gen Himmel strebt.

Auf den folgenden Seiten finden sich die zentralen oder wichtigsten Eigenschaften der zwölf möglichen Aszendenten von Skorpiongeborenen.
Die exakte Aszendentenposition lässt sich über die Homepage des Autors herunterladen (www.bauer-astro.de).

Der Skorpion und seine Aszendenten

Aszendent Widder – Ein Krieger werden

Aszendentenstärken Direkt, spontan, dynamisch, durchsetzungsstark

Aszendentenschwächen Ungeduldig, launisch

Mit dem Aszendenten Widder kommt man auf die Welt, um ein Krieger zu werden. Dieses Wort bedarf einer besonderen Erklärung. Denn mit einem Krieger verbindet man gewöhnlich schreckliche Geschehnisse, schwerbewaffnete Männer (und Frauen), die – meist einem Befehl folgend – töten, foltern, vergewaltigen, enteignen, vertreiben, zerstören, vernichten. Das mögen durchaus auch unerlöste Anteile dieser Aszendentenenergie sein, sie haben aber mit einem bewussten und wissenden Umgang damit nichts zu tun. Der »Krieger« in unserem Sinn steht vielmehr für das Leben. Er verkörpert Initiative, Kraft, Lebendigkeit. Nichts verbindet ihn mit Zerstörung, Verletzung oder gar Tod. Im Gegenteil. Die höchste Vollendung als Krieger besteht darin, dass er alles aus dem Bewusstsein heraus tut, beim Punkt null zu beginnen. Nichts war schon einmal. Alles ist neu. Der Atem. Das Öffnen der Augen. Das Gehen. Menschen mit dem Aszendenten Widder werden ihr ganzes Leben lang immer wieder neu geboren. Alles, was ihnen widerfährt, zählt als Herausforderung.

Diese Menschen lernen aus Problemen, Schwierigkeiten und Behinderungen, so dass sie in Zukunft gewappnet sind. Auch die Angst werden sie mit der Zeit kennenlernen und wie ein Krieger an ihr wachsen. Angst gleicht einem Heer unsichtbarer Gegner. Man spürt nur, dass man bedrängt wird, eingeengt ist, nicht weiterkann. Aber hat man nicht schon bei seiner Geburt die Erfahrung gemacht, dass es immer weitergeht? Man darf nicht stehen bleiben. Wenn man nicht aufgibt, wird man immer stärker im Leben. Vielleicht muss man zuweilen nachgeben, sich aber sein Ziel immer vor Augen halten. Umwege und Pausen sind denkbar,

doch den eigentlichen Weg wird man nie aus den Augen verlieren.
Mit diesem Aszendenten ist eine jugendliche Gestalt verbunden, und zudem sind so manche »wilden« Unternehmungen älteren Menschen oft nicht mehr möglich. Trotzdem sollten sie ihren Körper sorgfältig pflegen und im Rahmen des Möglichen ertüchtigen. Regelmäßige Gymnastik und eine gesunde Ernährung sind einfach unerlässlich. Noch wichtiger aber ist die geistige Beweglichkeit. Aszendent-Widder-Menschen haben in der Regel das Glück, im Alter fit im Kopf zu bleiben. Aber sie müssen ihren Geist auch immer wieder trainieren. Außerdem können sie den geistigen Alterungsprozess durch Nahrungsergänzungen (Ginkgo zum Beispiel) hinausschieben. Es geht im Alter auch darum, mehr und mehr für Inspirationen empfänglich zu werden. Sich ihnen zu öffnen bedeutet, an der Welt der Ideale, dem Sein, unmittelbar teilzuhaben.
Wenn der Tod irgendwann kommt, werden sie auch diesem Faktum als Krieger begegnen: Sie haben ihren letzten großen Kampf vor sich und stellen sich ihm – mutig, entschlossen, bereit.

Aszendenten-Check

Wie ergänzen sich Sonne und Aszendent? Das Sonnenzeichen Skorpion und das Aszendentenzeichen Widder sind widersprüchlich. Das Widderprinzip setzt auf Ichhaftigkeit und Unabhängigkeit, das Skorpionprinzip auf Ichüberwindung. Man gerät daher immer wieder in ein Spannungsfeld zwischen beiden Prinzipien. Letztlich profitiert man aber davon, weil das eigene Wirken nicht nur egoistischen Zielen folgt.

Aszendent Stier – Ein Alchemist werden

Aszendentenstärken Solide, sachlich, praktisch, sinnlich, kreativ, schöpferisch
Aszendentenschwächen Stur, unflexibel

Die Bezeichnung »Alchemist« in diesem Zusammenhang stammt von einem Koch mit dem Aszendenten im Zeichen Stier, der – erst 22 Jahre alt – bereits Chef über fünf weitere Köche war und mir in einer Astrologiesitzung sagte: »Ich bin eigentlich ein Alchemist. Ich mache aus einfachen Zutaten (Zucker, Mehl, Eier, Orangensaft ...) ein Gericht, an dem sogar die Götter ihre Freude hätten.« Natürlich lassen sich nicht nur einfache Lebensmittel in »Götterspeisen« transformieren. Genauso klappt es mit Häusern (Architekt), Wohnungseinrichtungen (Innenarchitekt), Pflanzen (Gärtner) und tausend anderen Aufgabenfeldern. Ich frage mich manchmal, ob die Fähigkeit mancher Menschen, ihr Geld mit Hilfe von Spekulation zu vermehren, nicht auch eine moderne Form der Alchemie darstellt. Ob vielleicht Börsianer wie die Alchemisten im Mittelalter Beschwörungsformeln aussprechen, damit ihre Aktien steigen?

Alles lässt sich im Sinne der Alchemie in einen höheren Zustand transformieren. Es ist eine Frage des Bewusstseins. Wenn man sich einmal darüber klar ist, dass man diese Gabe besitzt, geht man anders durchs Leben, nämlich mit der Absicht, zu verschönern, alles sinnlicher, angenehmer, vollendeter werden zu lassen. Dann blühen plötzlich Rosen in prächtigeren Farben, der Himmel bekommt ein tieferes Blau, und das Glas Wasser, das man gerade trinkt, schmeckt wie ein nie gekosteter Hochgenuss: Die eigenen Sinne zu verfeinern ist der erste Schritt eines Alchemisten – das Sehen, Hören, Riechen, Schmecken, Tasten. Dann folgt der zweite: die Welt draußen formen, sein *Outfit*, die Wohnung, das Büro. Am Anfang braucht ein Alchemist noch Zeiten des Rückzugs, um sich zu sammeln und seine eigene Sinnlichkeit abseits allen Treibens zu trainieren. Aber mit der Zeit wird die ganze Welt sein Experimentierraum, und sein »Unterricht« dauert 24 Stunden. Selbst

seine Träume beginnen sich zu gestalten, bekommen intensivere Farben und erzählen von fernen Welten – dem Garten Eden oder dem Schlaraffenland.
Der große Erleuchtete Buddha war sowohl von der Sonne als auch vom Aszendenten her ein Stier. Es heißt, dass dort, wo er ging, die Vögel noch lieblicher sangen und die Blüten der Bäume noch intensiver dufteten. Auch Orpheus, einem anderen erleuchteten Wesen, kann man ruhig einen Stieraszendenten »andichten«, obwohl natürlich keine offiziellen Angaben über seine Geburt existieren. Dem Mythos zufolge sang er so vollendet, dass alles um ihn herum verstummte: die Vögel und die Insekten, sogar die Wellen des Meeres und der Wind. Wie ein Buddha, wie Orpheus, so sollen Menschen mit dem Aszendenten Stier durchs Leben gehen.
Im Alter schwindet so manche der Sinnesfreuden: Essen und Trinken haben meist nur noch nährende Funktion, der Sex reduziert sich auf ein bescheideneres Maß. Ausgleichend und die Sinne verfeinernd wirkt zum Beispiel die Beschäftigung mit Kunst, egal, ob man sich ihr nur betrachtend oder durch eigenes künstlerisches Tun widmet. Menschen mit dem Aszendenten im Zeichen Stier können jeden Ort, an dem sie leben, zum Garten Eden werden lassen.
Auch dem Tod begegnet ein Alchemist mit dem Mut, ihn zu erhöhen. Er stirbt nicht in Umnachtung, bewusstlos, verkrampft. Er nimmt die letzte große Aufgabe dieses Lebens an und schreitet anmutig hinüber in ein anderes.

Aszendenten-Check

Wie ergänzen sich Sonne und Aszendent? Das Sonnenzeichen Skorpion und das Aszendentenzeichen Stier sind sehr verschieden, was zu Spannungen führen kann. Aber Probleme machen nicht nur zu schaffen, sondern sie bringen auch weiter – und das ist umso wichtiger, je älter man ist. Am schwierigsten wird es sein, damit fertig zu werden, dass man sowohl eine tiefe Bindung wünscht – also extrem *du*orientiert ist – als auch sehr ichbezogen sein kann und sein eigenes Wohlergehen in den Vordergrund rückt.

Aszendent Zwillinge – Ein Kundschafter werden

Aszendentenstärken Gewandt, beredt, vielfältig, kommunikativ, verbindend
Aszendentenschwächen Zerstreut, unsicher

Wer unter dem Aszendenten Zwillinge auf die Welt kommt, ist immer irgendwie unterwegs – in Wirklichkeit oder in Gedanken. Er nimmt von hier etwas mit, trägt es nach dort, tauscht es mit etwas anderem aus und trägt das dann wieder mit sich fort. Dieser Aszendent macht zu einem Kundschafter, zu einem, der erforscht, entdeckt, ausspioniert, analysiert – und der sein Wissen dann weitergibt. Die Betroffenen behalten es nicht für sich, wenigstens nicht dauerhaft wie jemand mit dem Aszendenten Stier, der das, was er hat, behält und vermehrt. Die Bestimmung der Menschen mit Zwillingeaszendent lautet anders: Sie sind der Welt immer nur eine Zeitlang teilhaftig, verbinden sich, behalten, lassen wieder los.

Ein Kundschafter ist wissbegierig. Wo immer er sich aufhält, was immer er tut, er nimmt es mit all seinen Sinnen auf. Dennoch bleibt er in seinem Inneren neutral, er hält Distanz, er lässt sich nicht vereinnahmen. Er geht durchaus eine Beziehung ein. Er ist, was er tut, und ist es auch wieder nicht. Ein »Macher« und »Beobachter« zugleich. Insofern wird er auch immer irgendwie gespalten sein, doppelt – ein Zwillingswesen eben.

Menschen mit Zwillingeaszendent treten nicht als Krieger und Eroberer und auch nicht als Verteidiger und Beschützer auf. Sie sind neutral und friedlich. Ein Kundschafter sein bedeutet, die Kunst der Neutralität bei jeder Gelegenheit zu trainieren. Das heißt nicht, dass man keine Emotionen mehr haben soll. Aber man lernt zunehmend, sich von außen zu betrachten, sich selbst zu beobachten. Auf diese Weise identifiziert man sich immer weniger mit seinen oder den Gefühlen seiner Mitmenschen. Das bringt einem dann auch gelegentlich den Vorwurf der Oberflächlichkeit ein. Denn sich in allem wiederzufinden lässt einen an Tiefe verlieren. Damit muss man mit diesem Aszendenten leben.

Kunde nehmen, Kunde weitertragen, Kunde bringen: Darin liegt die Bestimmung.
Zwar wird es um Menschen mit einem Zwillingeaszendenten auch im Alter nicht so schnell ruhig, weil sie sich vorausschauend mit genügend Kontakten »eindecken«. Dennoch hinterlassen die Jahre ihre Spuren. Dann kommt es darauf an, ob man weiß oder zumindest ahnt, dass alles, was man in der Außenwelt suchte, eigentlich schon immer in einem selbst war und dass »allein sein« auch »alleins sein« bedeutet. Dann bringt das Alter Schönheit und tiefe Befriedigung.

Aszendenten-Check
Wie ergänzen sich Sonne und Aszendent? Das Sonnenzeichen Skorpion und der Aszendent im Zeichen Zwillinge sind schwer unter einen Hut zu bringen. Um es ganz einfach zu sagen: Der »Skorpionteil« will Qualität, der »Zwillingeteil« Quantität. Das kann sehr anregend, aber auch wahnsinnig nervig sein.

Aszendent Krebs – Ein Träumer werden

Aszendentenstärken Gefühlvoll, häuslich, sensibel, fürsorglich, mystisch, spirituell
Aszendentenschwächen Launisch, abhängig

Ein besonderes Problem, dem sich Menschen mit Krebsaszendent stellen müssen, beschert ihnen der Helferplanet Mond, der auf die leibliche Mutter verweist. Bildlich gesprochen, hängen sie noch Jahre nach der Geburt oder gar ihr Lebtag lang an der Nabelschnur. Diese Prägung auf die Mutter steht in krassem Widerspruch zu der Botschaft, die einem Aszendenten grundsätzlich innewohnt, nämlich ein eigenständiges Individuum zu sein – frei, unabhängig, einmalig. Aber wie soll ihnen das gelingen, wenn ihre Mutter als Vorbild im Horoskop vorgegeben ist? Eine vertrackte Angelegenheit!
Ich meine, dass sich Menschen mit dem Aszendenten im Zeichen

Krebs ein eigenes, unabhängiges Verständnis der Mutterrolle (oder des Mutterbildes) erarbeiten sollten. Sie müssen sich gewissermaßen selbst »abnabeln«. Das wird schwierig und auch sehr schmerzvoll sein. Dabei darf es ihnen nicht darum gehen, besser als ihre Mutter zu werden. Sie müssen eine eigene »Mutter-Krebs-Qualität« entwickeln, schöpferisch sein und über die alten Muster hinaus einen Weg in die Eigenständigkeit finden.
Nur auf diese Weise lässt sich der Widerspruch lösen, der in dieser Konstellation liegt. In einer ewigen Antihaltung hängen zu bleiben (bloß keine Mutter sein) oder sich anzumaßen, die eigene Mutter zu überbieten, wie es oft bei Menschen mit einem Krebsaszendenten zu beobachten ist – meist sind es Töchter –, blockiert das Leben. Eine eigenständige Mutter zu sein heißt, auf den Grund des Wassers zu tauchen. Dort finden sie die nötigen Puzzlesteine, um das eigene Bild zu vollenden.
Menschen, die mit dem Krebsaszendenten geboren werden, haben besonders leicht Zugang zu einer Zwischenwelt, einem Bereich zwischen dem sogenannten Realen und dem Spirituellen. Sie tauchen immer wieder in diese Welt ein – ob im Schlaf oder in einem Tagtraum – und tanken Kraft und erhalten Eingebungen. Träume sind eine große Quelle der Wahrheit. Allerdings haben sie viel von ihrer heilenden und heiligen Kraft eingebüßt, seitdem die Wissenschaft sie physiologisch bzw. psychologisch zu erklären sucht. Dass Träume auch eine Verbindung zur göttlichen Welt bedeuten, blieb dabei scheinbar auf der Strecke. Besonders Menschen mit dem Aszendenten im Zeichen Krebs dürfen sich davon nicht beeinflussen lassen. Ein Träumer zu sein bedeutet, die Quelle allen Seins wieder ins Leben zu integrieren. Dann bekommt die reale Welt Spuren der anderen, wird intensiv, lebendig, schöpferisch. Man erlebt sie wie ein Künstler – ein Maler, Musiker, Dichter. Vor allem aber fließt Mitgefühl in das reale Leben ein. Denn in der spirituellen Welt existiert kein Ego, das meint, sich gegen andere Egos behaupten zu müssen. Alles ist mit allem in unendlicher Liebe verbunden. Ein Träumer zu sein bedeutet jedoch keineswegs, mit halbgeschlossenen Augen durch die Weltgeschichte zu

wandeln. Im Gegenteil, die Verbindung zur Anderswelt lässt einen das Leben hier bewusster und intensiver wahrnehmen.
Wenn der Mensch mit dem Aszendenten Krebs einmal alt geworden ist und dem Tod begegnet, wird er ohne Zaudern hinübergehen in die Welt, die schon immer seine Heimat war.

Aszendenten-Check
Wie ergänzen sich Sonne und Aszendent? Das Sonnenzeichen Skorpion und der Aszendent Krebs ergänzen sich prima, ja unterstützen sich regelrecht. Beide Abschnitte gehören dem Wasserelement an, stärken also das Seelische im Menschen. Man benötigt aber eine soziale Tätigkeit, damit das große Mitgefühl zum Tragen kommen kann.

Aszendent Löwe – Ein Glücksbringer werden

Aszendentenstärken Selbstbewusst, großzügig, sonnig, herzlich, schöpferisch
Aszendentenschwächen Stolz, träge

Wer unter dem Aszendenten Löwe das Licht der Welt erblickt, macht alle glücklich: Ein Königskind ist geboren, mögen die Verhältnisse unter dem Dach, das seine Wiege beherbergt, auch noch so ärmlich sein. Mit ihm zieht das Glück ein, und das bleibt im Grunde ein Leben lang so, wenn nicht widrige Umstände den natürlichen Charme dieser Menschen brechen. Auch Erwachsene umgibt eine besondere Ausstrahlung, eine »Grandezza«, die signalisiert: »Alle mal hersehen, jetzt komme ich!« Irgendwann hat man auch den entsprechenden Hofstaat (allesamt irgendwie besondere Typen) und in der Regel auch das nötige Kleingeld, um sich ein Dasein in Würde leisten zu können.
Aber es reicht nicht, sich sein Lebtag lang nur im Glanz dieses Sternzeichens zu sonnen. Mit dem Aszendenten ist einem auch der Auftrag in die Wiege gelegt, dem Leben Glanz, Freude und Fröhlichkeit zu verleihen und den Mitmenschen Glück zu brin-

gen. Das ist eine schwierige Aufgabe, denn für das, was ein glückliches Dasein wirklich ausmacht, mangelt es in unseren Zeiten immer mehr an Verständnis. Nur wenige leben in solch einem Glück und verbreiten es. Wir reden nicht vom Lottogewinn oder einer steilen Karriere, sondern von dem Glück, das Fröhlichkeit in die Augen zaubert, Selbstgewissheit schafft, einen mit Zuversicht in die Zukunft blicken lässt und in diesem Vertrauen sorglos macht. Das ist ausgesprochen rar.
Muss man, um solch ein Glück verbreiten zu können, über materiellen Reichtum verfügen? Wenn ja, womit soll jemand, der arm wie die sprichwörtliche Kirchenmaus ist, seinem Leben Glanz verleihen? Nun, erstens ist ein Mensch mit Löweaszendent niemals so bedürftig; zweitens geht es nicht um das persönliche, sondern um das Leben schlechthin; und drittens kann man selbst unter den kargsten Bedingungen wie ein Sonnenkönig wirken. Die Schönheit der Natur beschränkt sich ja nicht auf eine Rose oder Lotusblüte, wir erkennen sie genauso in einem Vergissmeinnicht oder Gänseblümchen. Nichts kann einen also daran hindern, Glück zu verbreiten, ein Glücksbringer zu sein – außer man selbst. Wenn ein Mensch mit jenem wunderbaren Aszendenten die Welt nicht für »würdig« erachtet, dieses Füllhorn zu empfangen, versündigt er sich durch solche Hybris an seiner Geburt und seinem Aszendenten. Die Sonne wählt nicht aus, wem sie ihr Licht schenkt und wem nicht. Sie verbreitet ihr Licht und ihren Glanz nicht, um zu imponieren. Das hat sie nicht nötig. Auch diese Menschen müssen nicht um Anerkennung buhlen. Bedeutsamkeit haben sie allein schon durch ihre Geburt unter dem aufgehenden Löwezeichen. Sie brauchen sich nichts mehr zu beweisen.
Älter zu werden fällt nur denjenigen schwer, die sich ausschließlich in ihrem Glanz sonnen, ihn aber nicht verschenken. Wer sich dem Leben hingibt, ergibt sich auch mit Leichtigkeit dem Tod.

Aszendenten-Check

Wie ergänzen sich Sonne und Aszendent? Das Sonnenzeichen Skorpion und das Aszendentenzeichen Löwe haben Annäherungsprobleme. Der »Skorpionteil« sucht Verinnerlichung, macht eher introvertiert. Der »Löweteil« wiederum möchte sich ausleben, macht also eher extravertiert. Aus einem anfänglich problematischen »Entweder-Oder« kann mit der Zeit aber ein ausgewogenes »Sowohl-als-Auch« entstehen.

Aszendent Jungfrau – Ein Prophet werden

♍

Aszendentenstärken Zuverlässig, logisch, nachdenklich, planend, vorausschauend, visionär
Aszendentenschwächen Pessimistisch, kritisch

Alles im Kosmos folgt einer Ordnung, entsteht, wächst, vergeht und fließt in einen neuen Zyklus ein. Menschen mit dem Aszendenten Jungfrau sind mit dieser Ordnung in spezieller Weise verbunden. Solche Nähe macht sie empfänglich für besondere Einsichten und Visionen und schenkt ihnen die Fähigkeit, Erfahrungen oder Botschaften – ähnlich dem Götterboten Hermes/Merkur – unter ihre Mitmenschen zu bringen. Auch wenn sie sich dessen meist selbst nicht bewusst sind, sagen und tun sie zuweilen Dinge, die sich nur so erklären lassen. Menschen mit Aszendent Jungfrau warnen zum Beispiel vor Gefahren oder benennen Risiken. Das führt manchmal zu einer ausgesprochenen Medialität. Ich kenne viele Medien, Kartenleger oder Astrologen mit Jungfrauaszendent. Bei ihnen paart sich das Wissen um eine natürliche Ordnung mit höheren Eingebungen oder Inspirationen. Sie erkennen die Gesetze des physischen Daseins, wissen also, wie die »Räder des Lebens« ineinandergreifen, und bereichern diese darüber hinaus mit Ideen, die ihnen zufallen. Auch viele Psychologen, Therapeuten, Lehrer, Sozialarbeiter, Ärzte und Krankenpfleger mit dieser astrologischen Kombination bestätigen, dass sie jenseits von Wissen und Erfahrung über

Quellen verfügen, die ihnen bei ihrer Arbeit von unschätzbarem Nutzen sind.
Grundsätzlich verfügt jeder Mensch mit Aszendent Jungfrau über einen Zugang und »bedient« damit sich selbst und seine Mitmenschen, erteilt Ratschläge, verweist auf Gefahren und Risiken, spricht Warnungen aus. Wenn man allerdings den Himmel als Ziel aus den Augen verliert und sich nur noch am irdischen Alltag orientiert, läuft man Gefahr, alles und jeden zu »benoten«. Daraus wird dann schnell Schwarzmalerei und Defätismus. Es gibt Menschen mit diesem Aszendenten, die die Angewohnheit haben, jeden Impuls mit dem typischen Aszendent-Jungfrau-Satz »Das klappt sowieso nie!« im Keim zu ersticken. Dass sie dann oft auch noch recht behalten, macht das Ganze nur noch schlimmer.
Fraglos befähigt dieser Aszendent zum »zweiten Gesicht«. Man vermag Phänomene zu »sehen«, die anderen verborgen bleiben, und besitzt »magische Flügel«, die in die Zukunft tragen. Dieses Wissen aber gilt es behutsam und verantwortlich einzusetzen. Sonst richtet es mehr Unheil an, als es Gutes bringt.
Im Alter wird die Kenntnis dessen, was auf die Jungfrauaszendenten zukommt, immer größer, bis sie wissen, was sie erwartet, wenn sie einmal hinübergegangen sind in ein neues Leben.

Aszendenten-Check

Wie ergänzen sich Sonne und Aszendent? Das Sonnenzeichen Skorpion und das Aszendentenzeichen Jungfrau ergänzen sich bestens: Man ist einerseits ein praktischer, realistischer Mensch, der sein Augenmerk auf die Dinge richtet, die sein Leben sicher machen können. Andererseits verfügt man über ein reiches Gefühlsleben und eine tiefe Intuition. Der Lebensweg wird daher immer von praktischer Vernunft und emotionalem Abwägen geleitet – die besten Voraussetzungen für ein schöpferisches und befriedigendes Dasein.

Aszendent Waage – Die Liebe finden

Aszendentenstärken Anmutig, charmant, stilvoll, liebesfähig
Aszendentenschwächen Abhängig, unecht

Menschen mit dem Aszendenten Waage sind die personifizierte Harmonie und verbreiten eine friedliche, angenehme Stimmung. Das Sein erleben sie dual, das heißt stets aus doppelter Perspektive. Bezieht jemand eine bestimmte Position, dann übernehmen sie beinah automatisch die entgegengesetzte. Dazu benötigen sie noch nicht mal ein Gegenüber. Auch in sich selbst geht es stetig hin und her, als gäbe es dort zwei sich widersprechende Parts und Perspektiven. So wie sie die jeweilige Gegenposition vertreten, können sie aber auch dann, wenn derartige Polaritäten schon gegeben sind, den gemeinsamen Nenner finden. Sie verbinden, vermitteln, gleichen aus, führen zusammen.

Menschen mit Waageaszendent werden in solche Familien und Ehen hineingeboren, in denen der Haussegen »schief« hängt. Wenn sich ein Paar streitet oder gar an eine Trennung denkt, kommt ein Kind mit Aszendent Waage, um in einem vielleicht letzten Versuch die Ehe zu kitten. Solche Kinder sind regelrechte Genies darin, bei Streithähnen Frieden zu stiften. Sie bringen einen »Sternenstaub der Versöhnung« auf die Erde, mit dem sich eine Trennung oft genug hinausschieben lässt. Diese Gabe haben auch Menschen, die unter dem Sternzeichen Waage geboren werden. Sie sind sogar noch erfolgreicher darin, Ehen zu retten. Wer mit dem Aszendenten Waage geboren wird, so habe ich mehrfach festgestellt, schiebt die Trennung eher auf, als dass er sie für immer verhindern könnte.

Die Bedeutung des Aszendenten liegt in der Betonung der Eigenheit oder Persönlichkeit, die einen Menschen ausmacht. Er ist der Motor für das Bestreben, sich aus dem Sog der Familie und des Clans zu befreien, um ein eigenes Leben zu führen. Darum muss er irgendwann sein »Nest« verlassen und sein verbindendes Wirken aufgeben. Dennoch erleben Menschen mit dem Aszendenten Waage es dann als eine innere Niederlage, wenn sich ihre Eltern

trennen. Sich die Logik klarzumachen, die dem Aszendenten innewohnt, vermag dann durchaus eine Hilfe zu sein.
Auch im Erwachsenenalter bleiben Menschen mit Waageaszendent der Liebe verpflichtet. Sie verschenken sie großzügig, wenn sie sie gefunden haben, und sind voller Inbrunst auf der Suche nach ihr, wenn sie ihnen gerade »entwischt« ist. Eigentlich jedoch ist ihr ganzes Leben ein Warten auf die ganz große Liebe. Warum bloß, wird man fragen, finden Menschen, die für die Liebe geboren sind, diesen einen und einzigen Partner so selten?
Die Antwort lautet: Es gibt ihn so nicht. Ein Partner, der Liebe pur ausstrahlt, nach Liebe riecht, nach Liebe schmeckt, ein Partner voller innerer und äußerer Schönheit, der göttlich lieben, sich geistreich unterhalten, sich vollständig hingeben kann und dennoch immer er selbst bleibt: Wo, bitte, findet sich solch ein Mann, solch eine Frau? Es ist der enorme Anspruch, der Menschen mit diesem Aszendenten im Weg steht. Er ist schlicht und einfach *zu* hoch. Die große Liebe der Waageaszendenten findet keine Erfüllung bei einem Wesen aus Fleisch und Blut. Erst wenn ihre Liebe zum Geschenk an das Leben wird – an ein Gedicht, an Musik, einen Baum –, fühlen sie sich am Ziel. Dann können sie jemanden auch von ganzem Herzen lieben, weil diese Liebe nicht mehr so groß sein muss.
Vor allem im Alter strahlen Menschen mit Aszendent Waage eine Liebe aus, die auf niemand Bestimmten mehr ausgerichtet ist und dennoch jedem zukommt. Dann wird auch irgendwann der Tod ein Teil des Lebens und verbindet sich mit ihm.

Aszendenten-Check

Wie ergänzen sich Sonne und Aszendent? Das Sonnenzeichen Skorpion und das Aszendentenzeichen Waage führen zu einem fürsorglichen und liebevollen Menschen. Man sollte aber lernen, dass Geben und Nehmen im Gleichgewicht stehen müssen.

Aszendent Skorpion – Unsterblich werden

Aszendentenstärken Furchtlos, unergründlich, bewahrend, leidenschaftlich

Aszendentenschwächen Misstrauisch, starr

Von dem großen Propheten Mohammed stammt der Satz: »Stirb, bevor du stirbst.« Und wie bereits erwähnt wurde, hat der Mystiker Jakob Böhme gesagt: »Wer nicht stirbt, bevor er stirbt, der verdirbt, wenn er stirbt!« So oder ähnlich lautet auch der Leib-und-Magen-Spruch von Menschen, die unter dem aufgehenden Skorpionzeichen geboren wurden. Das bedeutet in keiner Weise, dass sie real gefährdeter wären als andere. Im Gegenteil, Menschen mit dem Skorpion als Aszendent werden älter als die meisten und scheinen dabei noch robuster, also gesünder zu bleiben als ihre Zeitgenossen. Es geht auch beileibe nicht immer gleich um Leben und Tod. Diese beiden Wörter stehen nur symbolisch für das duale Lebensspiel, dem alles folgt: Kommen und Gehen, Begegnen und Trennen, Halten und Loslassen, Tag und Nacht, Plus und Minus. Jeder Mensch hat sich dieser Dualität zu stellen. Aber wer unter dem aufsteigenden Skorpionzeichen geboren wurde, ist ihr besonders ausgeliefert. Er muss in diesem »Fach« seinen Meister machen.

Ein wichtiger »Prüfungsstoff« auf dem Weg dorthin lautet, dem Schein zu misstrauen. Schon als Kinder entwickeln unter diesem Zeichen Geborene einen Blick für alles Falsche, Seichte und Aufgesetzte und schneiden notfalls tief ins »Fleisch«, wenn sie einen faulen Herd vermuten. Wozu? Weil Schwäche, Falschheit und Unaufrichtigkeit keinen Bestand haben vor dem Tod. Nur echte und starke »Materialien« können der Vergänglichkeit trotzen. Das bezieht sich auch auf ihre Beziehungen. Jeden potenziellen Partner, dem sie begegnen, unterziehen diese Aszendenten bewusst oder unbewusst einem sofortigen Check, um herauszufinden, ob er ihrem Wunschpartner entspricht, ob sie mit ihm – symbolisch gesagt – »dem Tod trotzen« können.

Kinder gehören natürlich zum Lebensskript dieser Menschen. Sie stehen sogar ganz oben in der Karmaliste. Von hundert Skorpionaszendenten bekommen 99 mindestens ein Kind – weil Kinder die sicherste Waffe gegen den Tod sind. In ihnen lebt es doch weiter, das Blut, das Erbe, der Name, die Erinnerung. Dass diese Regel nicht für jeden mit Aszendent Skorpion zutrifft, liegt lediglich daran, dass ein Horoskop eben nicht nur aus dem Aszendenten besteht.

Der Aszendent Skorpion verbindet ebenso mit den Ahnen. Es fällt einem daher immer auch die Aufgabe zu, sich um die Vergangenheit zu kümmern, sie in Ehren zu halten und sie – wenn nötig – in ein anderes Licht zu rücken, um (Karma-)Schulden einzulösen. Aber es existiert auch ein anderer Weg der Unsterblichkeit. Ich weiß von Menschen mit diesem Aszendenten, die keinerlei Angst mehr vor dem Leben haben und damit auch nicht vor dem Tod. Sie wissen, dass es immer weitergeht. Sie nehmen jeden Moment ihres Daseins als das Einzige, was zählt. Insofern sind sie unsterblich und ewig geworden. Diese Gnade erwächst aus der Hingabe an das Leben von Moment zu Moment, wie es im Aszendenten Skorpion angelegt ist. Wenn sich diese Energie aufrichtet, nach oben steigt, wird sie frei von jeglicher Schwere. Die Astrologie schuf dafür ein wunderbares Bild: Sie erhob den erlösten Skorpion wie gesagt zum weisen Adler. Befreit aus der Enge des stacheligen Skorpionpanzers, entweicht dieser Vogel und hebt sich in den Himmel der Unendlichkeit.

Von Moment zu Moment leben bedeutet aber auch, jeden Augenblick loszulassen – auch dann, wenn es dereinst hinübergeht in eine andere Welt.

Aszendenten-Check

Wie ergänzen sich Sonne und Aszendent? Beim »doppelten Skorpion« kommt es darauf an, ob man vor oder nach Sonnenaufgang geboren ist. Man sollte sich daher ein Geburtshoroskop erstellen lassen. Ist man vor oder auch genau bei Sonnenaufgang geboren, steht die Sonne im ersten Haus bzw. am Aszendenten. Für so einen Menschen trifft all das, was über Skorpiongeborene im ersten Teil des Buches gesagt wurde, besonders stark zu. Wurde man hingegen nach Sonnenaufgang geboren, ist man eher ein nachdenklicher, sensibler Mensch, der es nicht einfach hat, seine Skorpioneigenschaften zu leben. Man verfügt dafür über besondere mentale und künstlerische Begabungen und ist seiner Zeit häufig voraus.

Aszendent Schütze – Seelenheiler werden

Aszendentenstärken Optimistisch, aufgeschlossen, mitreißend, jovial, beseelend
Aszendentenschwächen Unrealistisch, leichtgläubig

Eine Seele, die sich inkarniert, während sich im Osten das Tierkreiszeichen Schütze in den Himmel schiebt, wird immer von Trost und Hoffnung begleitet. Wer unter diesem Aszendenten geboren wird, dem haften wundersame Fähigkeiten an: Er vermag Wunden zu heilen, die die Zeit geschlagen hat, und kann – Engeln oder kleinen Göttern gleich – dem Schicksal Schönheit und Würde verleihen.
Noch bei jedem Menschen mit dieser Konstellation, der in meine Praxis kam, gab es in der Vergangenheit ein Unglück, das nach menschlichem Ermessen nicht hätte geschehen müssen. Angehörige starben beispielsweise bei einem unnötigen Einsatz im Krieg oder wegen fehlender oder falscher medizinischer Hilfe. Solche Tragödien werden in den Familien nicht ad acta gelegt, sondern an spätere Kinder weitergegeben, die dann mit einem Aszendenten Schütze auf die Welt kommen. Diese nehmen sich auf ihre Weise des »Versagens« vergangener Zeiten an und versuchen, das Schicksal von damals durch ihre Lebensführung zu verändern. Sie wollen verhindern, dass es noch einmal so schrecklich zuschlägt. Niemand bittet diese Menschen um Hilfe oder gar um Vergeltung. Nur die wenigsten von ihnen werden sich jemals dessen bewusst, was sie eigentlich tun. Und dennoch macht sich ein Anteil in ihnen von Kindesbeinen an auf den Weg, in das Schicksal einzugreifen. Sie kommen auf die Welt, öffnen die Augen und würden,

könnten sie sprechen, sagen: »Jetzt komme ich und vertreibe eure Sorgen und bringe Hoffnung. Jetzt wird alles gut.«
Menschen mit diesem Aszendenten sind häufig noch mit achtzig fit und treiben gar Sport. Sie bleiben auch im Kopf rege. Zuweilen fällt ihnen die große Gnade zu, bewusst und klaren Geistes die Schwelle des Todes zu übertreten – wissend, dass dies nicht das Ende ist.

Aszendenten-Check
Wie ergänzen sich Sonne und Aszendent? Man verfügt über Inspiration und Liebe, braucht aber Ziele, die einen begeistern, und Menschen, die sich begeistern lassen. Zuweilen kann es zum Konflikt zwischen der Sehnsucht nach einem »Nest« und dem Wunsch nach Ferne kommen. Das macht ruhelos, vermittelt aber letztlich auch einen weiteren Horizont.

Aszendent Steinbock – Wahrhaftig werden

Aszendentenstärken Sachlich, objektiv, gerecht, zäh, erfahren
Aszendentenschwächen Hart, kalt

Das Sternzeichen Steinbock regiert auf der nördlichen Halbkugel der Erde die kalte Jahreszeit. Daher begleitet auch jeden, der unter diesem Aszendenten auf die Welt kommt, ein Hauch winterlicher Stimmung – obwohl die Geburt schon in das Ende des Winters fällt. Damit verbunden ist eine große Widerstandsfähigkeit, auch wenn sie nicht immer gleich vom ersten Atemzug an erkennbar ist. Menschen mit Steinbockaszendent kommen sogar öfter zart besaitet, zuweilen sogar mit einer Schwäche auf die Welt. Aber das Leben konfrontiert sie von Anfang an mit Härtetests nach dem Motto »Gelobt sei, was hart macht« bzw. »Du schaffst es, oder du hast hier nichts verloren«. Dieser rauhe Empfang verfolgt nur den einen Zweck: Widerstandskraft zu wecken, abzuhärten und einzustimmen auf ein Leben, das viel von einem verlangt. Das Neugeborene bekommt aber auch bedeutsame Unterstützung: Dieser

Mensch wird Gipfel stürmen, etwas Besonderes leisten, Ruhm und Ehre erlangen. Er wird kein Schwächling werden, keine »Schande« bringen, kein x-beliebiges Rädchen im Getriebe des Lebens sein. Wenn ein Kind mit Aszendent Steinbock das Licht der Welt erblickt, überkommen Familie und Sippe großer Stolz. Aber es zieht zugleich Kühle ein. Diese Kinder werden weder Wärme noch Gemütlichkeit verbreiten. Mit ihnen kann man auch nicht stundenlang zärtlich schmusen. Lässt man mal fünf gerade sein, fühlt man sich in ihrer Nähe sogar ein wenig schuldig.

Später sind sich Menschen mit Aszendent Steinbock ihrer selbst sicher und leben nach festen Prinzipien und Regeln. Durch ihre Klarheit gehen sie ihrem Umfeld oft als Beispiel voran, geben Orientierung und stehen mit gutem Rat bereit. Sie beeindrucken vor allem durch ihre Standfestigkeit, weswegen sie in Notsituationen gern aufgesucht werden. Ihre Geradlinigkeit und Sachlichkeit scheinen sie unanfechtbar zu machen. Und doch können gerade diese Eigenschaften sie ins Schleudern bringen. Denn wenn man zu sehr an der Materie haftet, wird man mit der Zeit hart und spröde.

Falls man meint, die Bestimmung bestehe ausschließlich darin, sich gegen die Wogen des Lebens zu stemmen, um erfolgreich zu sein, nimmt mit fortschreitendem Alter der Körper eine verspannte Haltung ein. Vor allem Rücken und Knie sind davon betroffen. Wenn man hingegen sein Handeln auf der Erde als vorübergehend betrachtet und die Ausrichtung nach oben nicht verliert, erfährt man durch kosmische Fürsorge den Trost, den man für sein hartes Dasein braucht. Vor allem aber erfährt man sein Leben als getragen von Sinn und Bestimmung. Von solchen Menschen geht dann tatsächlich ein inneres Leuchten aus, das anderen Kraft und Sicherheit verleiht.

Im Alter wird alles leicht. Die Unbeschwertheit vermischt sich mit Weisheit und schenkt den Betreffenden glückliche Jahre, so dass sie, kommt dereinst der Tod, leichten Fußes in die andere Welt hinübergehen können.

Aszendenten-Check
Wie ergänzen sich Sonne und Aszendent? Das Sonnenzeichen Skorpion und das Aszendentenzeichen Steinbock ergänzen sich ausgezeichnet. Man ist realistisch, aber nicht dogmatisch, erdverbunden, aber nicht materialistisch. Man ist dafür geboren, Verantwortung zu übernehmen. Etwas unnahbar, stur und unflexibel macht diese Kombination allerdings auch.

Aszendent Wassermann – Einmalig werden

Aszendentenstärken Human, frei, unkonventionell, erfinderisch, individualistisch
Aszendentenschwächen Exzentrisch, nervös

Ein Mensch, der auf die Welt kommt, während am östlichen Horizont das Sternzeichen Wassermann aufgeht, ist voller Rätsel: Wer ist er? Woher stammt er? In aller Regel gleicht er weder der Mutter noch dem Vater, so dass zumindest bei Letzterem früh Zweifel an seiner Vaterschaft aufsteigen. Aber auch die Mutter blickt skeptisch auf ihr Kind und fragt sich im Stillen, ob es womöglich nach der Geburt vertauscht wurde, so wenig ähnelt es ihr oder ihrem Mann. Zunächst verwirren äußerliche Merkmale wie Nase, Augen und Haarfarbe. Später kommen Irritationen über sein Wesen und sein Verhalten dazu. Beinah befremdlicher ist jedoch die Tatsache, dass der Nachwuchs sein Anderssein anscheinend auch noch kultiviert. Er widersetzt sich allen Erwartungen und wehrt sich vehement dagegen, in irgendein Schema gepresst zu werden.
Was Menschen mit einem Wassermannaszendenten nicht ausstehen können, sind Gesetze und Regeln a priori. Sie hassen alles, was so ist, weil es so ist oder so zu sein hat. Für sie zählen Einsicht, Vernunft und Verstehen. Man könnte auch sagen, sie folgen einer Moral, die schon vor ihrer Geburt in ihr Hirn gepflanzt wurde.
Menschen mit Wassermannaszendent stehen von Kindheit an mit Autoritäten auf dem Kriegsfuß. Heftige Auseinandersetzungen während der Pubertät bleiben bei diesem ausgeprägt individualis-

tischen Charakter kaum aus. Dass es solche Kinder früh aus dem Haus zieht, ist nur konsequent. Man lasse sie gehen. Sie finden ihren Weg hinaus – und auch wieder einen zurück.
Im Erwachsenenalter kommen auch diese lebhaften Wesen etwas zur Ruhe. Sie dürfen aufatmen. Allerdings sollten sie es sich tunlichst ersparen, in einem allzu autoritären und hierarchisch gegliederten Umfeld zu arbeiten und zu leben. Das klappt mit diesem Aszendenten nicht. Passend sind Berufe mit kreativem Potenzial und möglichst offenen Arbeitszeiten. Vierzehn Stunden als Beleuchter beim Film, wovon nur acht Stunden bezahlt werden, machen zufriedener als verbriefte acht Stunden als Beamter auf Lebenszeit. Menschen mit Aszendent Wassermann werden auch aus einem ersten Kuss nie gleich ein »immer und ewig« machen. Sie sind ausgesprochen freiheitsliebende Wesen, die sich erst dann binden wollen, wenn sie viel Erfahrung gesammelt haben.
Das Alter überrascht: Sofern sie ihre Individualität und Besonderheit gelebt haben, erwartet sie ein vergnüglicher Lebensabend, an dem sie ihrem Bedürfnis nach Freiheit und Unabhängigkeit unvermindert nachgehen können. Haben sie sich jedoch diesen Drang »verkniffen«, können sie unter Umständen absurde Gewohnheiten entwickeln. Kommt dann der Tod, ist ihre Seele neugierig und gespannt, was danach beginnt.

Aszendenten-Check

Wie ergänzen sich Sonne und Aszendent? Das Sonnenzeichen Skorpion und das Aszendentenzeichen Wassermann sind schwer miteinander zu vereinbaren. Vereinfacht dargestellt, versucht der »Skorpionteil«, tiefe Gefühle zu leben, das »Wassermann-Naturell« will geistige Befruchtung und Erneuerung. Das kann sehr nervenaufreibend, aber – bei genügend Kompromissbereitschaft und geistiger Aufgeschlossenheit – auch sehr anregend sein.

Aszendent Fische – Ein Mystiker werden

Aszendentenstärken Geheimnisvoll, intuitiv, sensibel, mitfühlend, mystisch

Aszendentenschwächen Unsicher, unrealistisch

»Tat twam asi«: Dieser Satz entstammt der indischen Philosophie und besagt, dass Objekt und Subjekt, Ich und Du, nicht getrennt, sondern eins sind. Der große Philosoph Arthur Schopenhauer (1788–1860) bezieht sich auf diesen Satz, wenn er über das Mitleid oder Mitgefühl philosophiert. Er sieht die metaphysische Grundlage des Mitgefühls darin, dass wir im Grunde alle eins sind. Wir selbst sind es also, die im anderen leiden. Und wir helfen daher der eigenen Person, wenn wir praktisches Mitleid üben.

Tiere haben kein Mitgefühl oder höchstens Spuren davon. Kleinkinder können unendlich grausam sein und zeigen in aller Regel lange nichts von diesem Mitleiden, das Heranwachsende und Erwachsene zuweilen überfällt. Menschen mit dem Aszendenten Fische sind besonders davon betroffen. Ihr Herz krampft sich zusammen, wenn sie an einem Bettler vorbeigehen. Es kann ihnen die Tränen in die Augen treiben, wenn sie andere leiden sehen. Wann immer sie jemand braucht, sind sie zur Stelle. Selbstverständlich. Sich ständig ausnutzen zu lassen geht natürlich auch nicht. Manche Menschen mit Fischeaszendent verzweifeln an ihrer Empathie, weil sie von dem, was sie geben, nie etwas zurückerhalten. Es kommt sogar nicht selten vor, dass jemand mit diesem Aszendenten hart und abweisend wird. Aber das ist nur ein Schutz gegen den weichen Kern und schadet letztlich dem Karma. Kinder mit Fischeaszendent sind zarte, sensible, sehr »durchlässige« Wesen, die die Gefühle anderer unmittelbar aufnehmen. Umgekehrt erkennt man sofort, wie es ihnen geht. Sind sie verstimmt, leiden sie, und zwar still und leise. Meist ist die Ursache ihres Kummers die Familie, für deren Schwierigkeiten sie sich »zuständig« fühlen. Die Pubertät kann schrecklich sein. Mit allen Mitteln wird um Anerkennung und Liebe gerungen, und man erliegt doch immer wieder dem »Wasser«, verliert sich und geht unter. Glück

hat, wer in seiner Familie mit Toleranz und Verständnis aufwächst. Das Unglück wiederum häuft sich zu einem Berg, wenn einem auch noch die Eltern vorwerfen, nicht so zu funktionieren wie andere. Das setzt sich im Erwachsenenalter fort. Nur sind es jetzt Chefs und Kollegen, von denen man abhängig ist. Menschen mit Fischeaszendent werden es sicher leichter haben, wenn sie in künstlerischen oder sozialen Bereichen arbeiten können. Dennoch sind es letztlich die Mitmenschen, die einem das Leben leichter oder schwerer machen, egal, ob man Krankenschwester oder Verkäuferin in einem Supermarkt ist.
Das Alter bringt hier die große Erleichterung. Dann endlich können die Betreffenden loslassen und müssen niemandem mehr etwas beweisen. Bis dahin haben sie dann auch längst herausgefunden, dass Alleinsein nicht Einsamkeit bedeutet, sondern sich dabei viel eher das Gefühl einstellt, »all-eins« zu sein. Das Loslassen schafft zudem Raum für neue Interessen oder versteckte Fähigkeiten. Vielleicht ergibt sich ein künstlerisches Hobby. Ich kenne Frauen, die noch mit siebzig Astrologie oder alternative Heilverfahren studieren.
Je älter sie werden, umso stiller und zurückgezogener leben Menschen mit diesem Aszendenten – vorausgesetzt, sie sind im Frieden mit ihrem Karma. So können sie dann auch irgendwann auf dem Strom des Lebens hinübertreiben in die Anderswelt.

Aszendenten-Check

Wie ergänzen sich Sonne und Aszendent? Man ist ein Mensch »mit doppeltem Wasser« – denn sowohl Skorpion als auch Fische gehören dem Wasserelement an. Die Bewältigung des Alltags ist mit dermaßen viel Wasser zuweilen ein Problem, was man sich einfach zugestehen sollte. Dafür ist man extrem sensibel, einfühlsam, fürsorglich und allem Seelischen gegenüber sehr aufgeschlossen. Man sollte versuchen, einen Weg zu finden, auf dem sich das große Mitgefühl und die schöpferischen Anlagen einbringen lassen.

Der Mond – Die Welt der Gefühle

Die Welt, die monden ist
Vergiss, vergiss, und lass uns jetzt nur dies
erleben, wie die Sterne durch geklärten
Nachthimmel dringen, wie der Mond die Gärten
voll übersteigt. Wir fühlten längst schon, wie's
spiegelnder wird im Dunkeln, wie ein Schein
entsteht, ein weißer Schatten in dem Glanz
der Dunkelheit. Nun aber lass uns ganz
hinübertreten in die Welt hinein, die monden ist.
Rainer Maria Rilke (1875–1926)

Die Bedeutung des Mondes

In einem Schöpfungsmythos heißt es, der Mond sei ein Kind der Erde. Ein anderer beschreibt ihn als Teil unseres Planeten, den dieser aus sich herausgerissen und in den Himmel geschleudert habe, um damit Raum für das Wasser der großen Ozeane zu schaffen. Und dieses Wasser brachte der Erde Fruchtbarkeit. Zu dieser Geschichte würde passen, dass das Volumen des Mondes, großzügig bemessen, etwa so groß ist wie der Raum, den alle Meere zusammen einnehmen.

Unter den Gestirnen am nächtlichen Himmel ist der Mond uns am nächsten und am vertrautesten. Er nimmt der Nacht ihre tiefe Dunkelheit und schenkt damit Trost und Hoffnung. Er ist uns so vertraut, dass wir in ihm menschliche Umrisse zu erkennen meinen: Seine Schatten bilden ein Gesicht, wir sehen eine alte Frau oder den Mann im Mond mit einem Reisigbündel auf dem Rücken. Er ist Gegenstand von Traumwelten. Wir besingen ihn in Gedichten und kraxeln mit Münchhausen an der Bohne zu ihm hoch oder umkreisen ihn mit Jules Verne.

Blicken wir zum Mond, erfahren wir Wandel und Veränderung: Täglich ist er ein Stück größer oder kleiner und geht früher oder später auf und unter. Manchmal ist er überhaupt nicht zu sehen,

und dann wieder scheint er so hell, dass die Nacht fast zum Tag wird. Nimmt er zu, taucht er schon am Nachmittag als bleiches, fast durchsichtig erscheinendes Gebilde am Himmel auf, das von Stunde zu Stunde kräftiger wird, bis es sich hellweiß vom blauen Himmel abhebt. Nimmt er ab, bleibt er noch lange am Tageshimmel wie ein Phantom, das immer blasser und formloser wird, um sich schließlich wie ein Wolkengespinst in nichts aufzulösen. Das Geheimnisvolle, das Veränderliche, das Tröstende und das Ängstigende, das sind die unmittelbaren Begleiter des Mondes.
Als Gegenspieler zur brennenden Sonne bringt der Mond erfrischende Kühle. Und das ist eine wichtige Qualität. Vor allem in der südlichen Hemisphäre, besonders in den unendlichen Weiten der Wüsten, galt der Mond schon immer als Manifestation von Fruchtbarkeit, und das einfach deswegen, weil während eines Großteils des Jahres allein die Nacht die Kühle bringt, die Mensch und Natur benötigen, um zu leben und zu überleben. Die sich füllende und wieder leerende Schale am Himmel ist dort ein Symbol für Quelle und Wasser und damit für die wichtigsten »Schätze« der Wüste. Dass ein Land wie Tunesien, dessen Gebiet sich zu einem großen Teil über die Sahara erstreckt, den Mond in seinem Wappen trägt und ihm damit ein überragendes Denkmal setzt, ist weder ein Wunder noch ein Zufall.
Vom Wasser und Fruchtbarkeit bringenden Mond ist es nur ein kleiner Schritt zum größten Mysterium des Lebens, nämlich zu Schwangerschaft und Geburt. Die Astrologie verbindet den Mond mit dem Urweiblichen – von der Empfängnis über die Schwangerschaft und Geburt bis hin zum mütterlichen Stillen und dem Muttersein selbst. Die offensichtlichste Analogie zwischen Frau und Mond ist natürlich, dass sein Lauf von einem Vollmond bis zum nächsten genauso lange dauert wie ein weiblicher Zyklus, nämlich vier Wochen.
In allen Mythen, Geschichten und Erzählungen über den Mond wird er als weiblich, die Sonne hingegen als männlich gesehen. In den romanischen Sprachen setzt sich diese Tradition fort: So heißen Sonne und Mond im Italienischen *la luna* und *il sole*, im Fran-

zösischen *la lune* und *le soleil*. Dass der Mond im Deutschen männlich, die Sonne hingegen weiblich ist, mag ein zufälliger Dreher sein. Zu vermuten ist allerdings, diese Zuordnung könnte bedeuten, dass in unserer Sprache ein Wechsel geschlechtsspezifischer Prägung möglich ist – mit allen Vor- und Nachteilen.
Der Mond also – gemeint jedoch ist die »Möndin« – stellt die Verkörperung alles Weiblichen dar. Dass dies automatisch nur auf Frauen zutreffen muss, ist damit keineswegs gesagt. Warum sollte ein Mann nicht »weiblich« sein können – und umgekehrt eine Frau nicht auch »männlich«? In manchen »Mondländern« jedenfalls ist die überkommene Fixierung der Geschlechterrollen zum Teil unerträglich: Es ist für die Gesellschaft sicher wichtig, dass Frauen als potenziellen Müttern Achtung entgegengebracht wird; aber es ist *ver*achtend, ihnen darüber hinaus keine Aufgaben zuzugestehen. Dass sie, wenn sie keine Kinder mehr bekommen können, nicht viel mehr »wert« sein sollen als eine Ziege oder ein Kamel, verletzt die Menschenwürde.

Zurück zum Mond: Er empfängt, wird schwanger, gebärt, nährt, hegt und pflegt. Genau das Gleiche »macht« er in unserem Horoskop, also mit uns: In dem Tierkreiszeichen, in dem er sich bei der Geburt gerade befindet, ist sein Standort, sein Zuhause. Dort will und muss er seiner Bestimmung nachkommen und wird im Lauf eines menschlichen Lebens empfangen, schwanger werden, gebären, nähren, hegen und pflegen.
Darin unterscheidet sich der Mond von der Sonne, die Energie und Vitalität in uns entzündet und damit Lebensfreude und Schaffenskraft stiftet. Der Mond empfängt. Er bekommt die Kraft und das Licht der Sonne, um zu leuchten, so wie in der traditionellen Rollenverteilung die Frau des Schutzes und der Versorgung durch den Mann bedarf. Aber der Schluss, Mondlicht sei nur reflektierter Sonnenschein, ist falsch. Die Astrologie weiß von ureigenen Kräften des Erdtrabanten. Er transformiert Sonnenenergie. Um sich wenigstens etwas von dieser Umgestaltungskraft vorstellen zu können, sei auf den Vorgang von Zeugung und Schwangerschaft

verwiesen: Der Same wäre dann der »Beitrag« der Sonne (des Mannes). Dass daraus schließlich ein menschliches Wesen wird, wäre wiederum die »Zugabe« des Mondes (der Frau). Bei der Sonne fragt der Astrologe: »Was kann ich? Wo ist mein größtes Potenzial?« Beim Mond fragt er: »Wo bin ich zu Hause? Wo fühle ich mich wohl? Wie erlebe und fühle ich? Wo will ich ›gebären und fruchtbar werden‹?« Und das ist natürlich in keiner Weise aufs Kinderkriegen beschränkt.

Der Mond als sich wandelnder himmlischer Geist war aber auch schon immer ein Symbol für das Innenleben. Verweist uns die Sonne auf unsere Fassade, die äußere Erscheinung, mit der wir uns der Welt präsentieren und von der wir uns wünschen, dass uns andere auch so erleben, verrät uns der Mond unsere Empfindungen, unsere Gefühle. Darüber sprechen wir nicht mit jedem, wir offenbaren sie nur den Menschen, die uns nahe sind und denen wir vertrauen. Das Sternzeichen, der Stand der Sonne, beleuchtet unser öffentliches Sein. Der Mond hingegen spielt im zwischenmenschlichen und damit eher im privaten Sein eine große Rolle.

Aber es geht noch tiefer, wird noch geheimnisvoller: Der Mond ist nicht nur zuständig für unser Innenleben. Er blickt auch in einem übergeordneten Sinn »dahinter«: Der Mond – die »Möndin« – öffnet ein Fenster in eine andere Dimension. In unserer westlichen Zivilisation ist der Zugang meist nur wenigen begnadeten Seelen möglich. Oft sind das Künstler. Ein wunderbares Beispiel ist das Gedicht von Rainer Maria Rilke über den Mond, das diesem Kapitel als Einstimmung vorangestellt ist. Aber auch während eines Sommeraufenthalts in Italien oder Griechenland lässt sich etwas vom Mythos Frau Lunas erahnen, dann nämlich, wenn sich wie aus dem Nichts heraus am helllichten Tag ein Geist am Himmel offenbart, der sehr viel später erst zum Mond wird. Noch viel deutlicher aber ist es in der Wüste, der Urheimat der Astrologie. Dort ist der Trabant kein fremdes Gestirn, sondern eine Göttin, die sich am Himmel zeigt und einen Türspalt offen lässt für diejenigen, die bereit sind hinüberzuschauen. Der Mond verkörpert auch die heilige Schale der Taufe und die Einweihung in die Geheimnisse des Seins. Dort, wo er im Horoskop steht, findet sich die Gnade, an übersinnlichen Erfahrungen teilzuhaben. Er ist eine Pforte in das Reich der Mystik und Spiritualität. Der Mond führt zu Gott, nicht unser Zentralgestirn.

Frauen sind dem astrologischen Mond näher als ihrer Sonne. Sie müssten sich daher eigentlich auch eher an ihrem Mond- als an ihrem Sternzeichen orientieren. Es ist aber so, dass sich die gängige Astrologie an der Sonne und damit am Männlichen ausrichtet: Ein Sonnen- oder Sternzeichenhoroskop findet man beinah in jeder Zeitung, das Mondzeichenhoroskop hingegen in keiner einzigen.
Je mehr eine Frau allerdings aus ihrer klassischen Rolle einer Mutter und Hausfrau herauswächst und »ihren Mann steht«, desto stärker wird sie auch ihre Sonne leben. Allerdings wäre es völlig falsch, wenn sie den Mond dann unberücksichtigt ließe. Eine bewusste und emanzipierte Frau schöpft aus beiden: Führungsaufgaben, die von Männern grundsätzlich hierarchisch gelöst werden, packen Frauen anders an. Sie lassen mehr Nähe (Mond) zu und motivieren ihre Mitarbeiter dadurch auf einer persönlicheren Ebene. Auch bei Entscheidungen sind Frauen, die sowohl Logik (Sonne) als auch Intuition (Mond) zulassen können, Männern überlegen, die sich nur nach der Sonne richten.
Während Frauen ihren Mond eher unmittelbar selbst leben, neigen Männer dazu, sich eine Frau zu suchen, die ihrem Mond entspricht. Insofern gelten die Aussagen über die einzelnen Mondpositionen für Männer nur indirekt, sie beschreiben sozusagen »Suchbilder«. Ein solches Bild bezieht sich dann auf die Frau, mit der man zusammenleben will und die möglicherweise sogar die Mutter gemeinsamer Kinder wird.

☾ Der Mond ist der Hausplanet oder das herrschende Gestirn des Krebszeichens und übernimmt auch das Element des Zeichens, also Wasser. Das astrologische Symbol besteht aus zwei Halbkreisen – dem Ursymbol des Seelischen.
Auf den folgenden Seiten finden sich die zentralen Eigenschaften der zwölf Mondpositionen. Bei der individuellen Anwendung ist stets zu berücksichtigen, dass die Mondposition immer auch durch die Häuser und durch Verbindungen mit verschiedenen Gestirnen eine andere Färbung bekommen und im Einzelfall stark von den hier genannten Deutungen abweichen kann.
Ihre exakte Mondposition lässt sich wieder über die Homepage des Autors herunterladen (www.bauer-astro.de).

Der Skorpion und seine Mondzeichen

Der Mond im Zeichen Widder – Temperamentvoll

Mondstärken Unternehmungslust, Impulsivität, Direktheit, Selbständigkeit, Ichhaftigkeit, Suche nach eigenständiger Wirksphäre, intensives Phantasieleben, musikalische oder bildnerische Begabung, Ideenträger sein, Erspüren von Macht

Mondschwächen Aggressivität, Spannung, Ungeduld, Nervosität

Die Botschaft des Mondes lautet: »Das Leben ist ein immerwährender Kampf. Sei wachsam und bereit. Lass dich nicht unterkriegen, sondern versuch dir einen der vorderen Plätze im Leben zu ergattern. Das ist deine Bestimmung. Du brauchst zwar Pausen, in denen du auftanken kannst, aber zu lange darfst du dich nie dem aktiven Leben entziehen. Sonst könntest du zurückfallen und untergehen. Du brauchst Erfolgserlebnisse. Sie sind der Stoff, der dich am Leben hält. Sei immer auf der Hut!«

Mond-Check

Wie weiblich macht dieser Mond? Nicht besonders stark. Widder ist ein sehr männliches Zeichen.

Wie mütterlich macht dieser Mond? Man wird ein »Kumpel zum Pferdestehlen«, aber kein ausgeprägter Muttertyp.

Wie gefühlvoll macht dieser Mond? Er macht sehr feurig. Aber das bedeutet nicht, dass man in Gefühlen geradezu badet.

Wie intuitiv macht dieser Mond? Sehr sensibel und unglaublich phantasievoll.

Was braucht man mit diesem Mond? Wärme, Selbstbestätigung, Aufmerksamkeit, Anerkennung.

Für den Mann: Wie lautet das Suchbild »(Mond-)Frau«? Sie soll temperamentvoll, ichhaft, bestimmend, aktiv sein und darf ruhig auch den Ton angeben.

Der Mond im Zeichen Stier – Erdverbunden

Mondstärken Lebensfreude, Genuss, gefestigtes Gefühlsleben, Naturliebe, Musikalität, Sammelleidenschaft, Gutmütigkeit, Häuslichkeit, Geschmack

Mondschwächen Antriebsschwäche, Materialismus, Geiz, Gier

Die Botschaft des Mondes lautet: »Du bist ein Kind der Erde. Verbinde dich daher stets mit ihr. Hier findest du alles, was du brauchst. Lass die Erde auch deine Lehrmeisterin sein. Lerne von ihr. Beobachte, wie alles mit einem Samen – also klein – beginnt und mit der Zeit immer größer wird. Sei geduldig, und Größe und Reichtum sind dir sicher. Lerne auch von der Mutter Erde, dass alles einem Kreislauf folgt. Sei also bereit, zu bestimmten Zeiten loszulassen, um dann wieder neu empfangen zu können.«

Mond-Check

Wie weiblich macht dieser Mond? Sehr weiblich. Er ist beinah so etwas wie der Inbegriff von Weiblichkeit.
Wie mütterlich macht dieser Mond? Kinder und Familie gehören zu ihm.
Wie gefühlvoll macht dieser Mond? Er beschert ein sehr natürliches und selbstverständliches Gefühlsleben.
Wie intuitiv macht dieser Mond? Man fühlt sich den Geschöpfen der Natur sehr nah und bezieht aus der Natur Kraft und Intuition.
Was braucht man mit diesem Mond? Seinen Platz, ein Zuhause, Sicherheit, einen gewissen Wohlstand.
Für den Mann: Wie lautet das Suchbild »(Mond-)Frau«? Sie soll praktisch, sinnlich und fürsorglich sein.

Eine besondere Konstellation

Sie sind in der Vollmondphase (zwei Tage vor bis zwei Tage nach dem Vollmond) geboren und damit ein besonderer Mensch. Denn Sie tragen in sich die lebendige Spannung zwischen Mann und Frau am deutlichsten. Das führt zu einem reichen und faszinierenden Beziehungsleben. Es kann aber auch große Konflikte für Partnerschaft und Liebe bringen.

Der Mond im Zeichen Zwillinge – Heiter

Mondstärken Vielseitigkeit, Ausdrucksfähigkeit, Kontaktfreude, schriftstellerische Begabung, intuitives Erfassen anderer Menschen, gute Selbstdarstellung
Mondschwächen Oberflächlichkeit, Manipulation, Enttäuschungen, Zerrissenheit

Die Botschaft des Mondes lautet: »Du bist aus dem Element Luft geboren, leicht wie sie und grenzenlos. Das musst du dir als dein Lebensprogramm immer vor Augen halten: Niemand und nichts darf dich je einengen oder festhalten. Du wirst dich selbst binden und festsetzen, aber nie für immer und stets so, dass du jederzeit entweichen kannst. Deine Bestimmung ist, Menschen miteinander zu verbinden, ein Netz von Beziehungen zu erstellen. Unter Menschen fühlst du dich zu Hause.«

Mond-Check

Wie weiblich macht dieser Mond? Zwillinge ist ein männliches Zeichen und prägt entsprechend.
Wie mütterlich macht dieser Mond? Es ist absolut kein »Muttertyp« zu erwarten.
Wie gefühlvoll macht dieser Mond? Der Zugang zu tiefen Gefühlen fällt recht schwer.
Wie intuitiv macht dieser Mond? Menschen mit dieser Konstellation reagieren oft sehr intuitiv.

Was braucht man mit diesem Mond? Menschen um sich, Unterhaltung, Ansprache, Freunde.
Für den Mann: Wie lautet das Suchbild »(Mond-)Frau«? Sie soll kommunikativ, gebildet, unterhaltsam und freiheitsliebend sein.

Der Mond im Zeichen Krebs – Gefühlvoll

Mondstärken Für andere da sein, Erlebnistiefe, seelische Beeindruckbarkeit, ausgeprägtes Traumleben, starke unbewusste Kräfte, mütterlich und häuslich sein, starkes Innenleben, große Einfühlungsgabe, telepathische Fähigkeiten
Mondschwächen Täuschungen, unverstanden sein, Launenhaftigkeit, Mutterprobleme

Die Botschaft des Mondes lautet: »Du bist mir besonders nah. Fest sind wir miteinander verbunden. Daher veränderst du dich mit meinem Wandel: Werde ich schmäler, willst auch du dich verausgaben. Bin ich ganz verschwunden, ziehst du dich ebenfalls zurück. Umgekehrt ist dir danach, dich zu zeigen, fröhlich und extravertiert zu sein, wenn ich wieder größer werde. Dir öffne ich auch – mehr als jedem anderen – ein Fenster, damit du hinüberschauen kannst in die Welt der Wunder.«

Mond-Check

Wie weiblich macht dieser Mond? Extrem weiblich.
Wie mütterlich macht dieser Mond? Eigene Kinder und eine Familie, für die man sorgen kann, gehören zu dieser Konstellation.
Wie gefühlvoll macht dieser Mond? Es entwickelt sich ein starkes Gefühlsleben.
Wie intuitiv macht dieser Mond? Träume und Intuition haben große Tiefe.
Was braucht man mit diesem Mond? Eine Familie, Kinder, immer wieder Zeit für sich.
Für den Mann: Wie lautet das Suchbild »(Mond-)Frau«? Sie soll die Mutter »seiner« Kinder werden, häuslich, liebevoll und fürsorglich sein.

Der Mond im Zeichen Löwe – Stolz

Mondstärken Darstellungskunst, Selbstvertrauen, Kreativität, Gerechtigkeitsempfinden, Unternehmungsgeist, schauspielerisches Talent

Mondschwächen Theatralik, Übertreibung, Trägheit, Faulheit, Narzissmus

Die Botschaft des Mondes lautet: »Du hast einen besonders starken Mond, einen, der ständig in seiner vollen Größe zu sein scheint. Das führt dazu, dass du ein ausdrucksstarker, emotionaler Mensch bist. In dir entspringt eine Quelle ununterbrochener Kreativität und Inspiration, das äußert sich als starkes Phantasie- und Traumleben. Du musst Möglichkeiten finden, dein inneres Erleben nach außen zu transponieren. Du verkümmerst, wenn du dein Mondgeschenk nicht lebst.«

Mond-Check

Wie weiblich macht dieser Mond? Löwemond-Menschen sind feurig und stark.

Wie mütterlich macht dieser Mond? Sie übernehmen gern die Mutterrolle, um andere zu verwöhnen.

Wie gefühlvoll macht dieser Mond? Er weckt spontane, feurige Gefühle, die aber auch schnell wieder vergehen.

Wie intuitiv macht dieser Mond? Licht und Wärme nähren die Intuition und führen zu großer Kreativität und Schöpferkraft.

Was braucht man mit diesem Mond? Feuer, Wärme, Sonne, aber auch Bestätigung und Achtung: Daraus besteht dieses Lebenselixier.

Für den Mann: Wie lautet das Suchbild »(Mond-)Frau«? Eine starke Frau soll es sein, der man gern auch die Regie über Haus und Familie anvertraut.

Der Mond im Zeichen Jungfrau – Vorsichtig

Mondstärken Vorhersehen können, Organisations- und Konzentrationsfähigkeit, Ordnungsliebe, Gespür für gesundheitliche Belange, bewusste Ernährung, Zugang zu geheimem Wissen

Mondschwächen Abhängigkeit von Zuwendung

Die Botschaft des Mondes lautet: »Das Leben ist keine Autobahn, auf der es immer geradeaus geht. Ein Weg voller Überraschungen erwartet dich. Daher ist es wichtig, dass du stets hellwach bist, um zu wissen, was kommt. Ich, dein Mond, habe dich deshalb auch mit der Gabe der Vorausschau ausgestattet, damit du nie im Dunkeln tappst. Aber du bist auch ein Erdzeichen, ein Kind unseres Planeten. Dies bedeutet, dass du mit der Zeit seinen gesetzmäßigen Lauf immer besser erkennst. Es hilft dir, dein Leben zu beruhigen. Lerne daher von der Erde und dem Wechsel der Jahreszeiten.«

Mond-Check

Wie weiblich macht dieser Mond? Er macht eher mädchenhaft als weiblich (und eher burschikos als männlich).

Wie mütterlich macht dieser Mond? Frauen mit dieser Mondstellung sind keine »schlechten Mütter«, fühlen sich aber oft zu etwas anderem berufen.

Wie gefühlvoll macht dieser Mond? Empfindungen gegenüber macht er eher misstrauisch.

Wie intuitiv macht dieser Mond? Die Erde offenbart ihr Wissen, so dass die Betreffenden es zum Beispiel auch für heilendes Wirken anwenden können.

Was braucht man mit diesem Mond? Kontakt mit Mutter Erde, Sicherheit, einen Lebensplan.

Für den Mann: Wie lautet das Suchbild »(Mond-)Frau«? Sie soll klug und praktisch sein, ihr Gefühlsleben unter Kontrolle haben, und sie darf sich nicht in Abhängigkeiten verstricken.

Der Mond im Zeichen Waage – Ausgewogen

Mondstärken Andere spüren können, gern unter Leuten sein, Kontaktfreude, Sinn für Ästhetik, Kunst, Schönheit, verbindend und ausgleichend sein, Gerechtigkeitsliebe
Mondschwächen Entscheidungsunfähigkeit, Antriebsarmut, Überempfindlichkeit, Abhängigkeit

Die Botschaft des Mondes lautet: »Du hast eine Art Wünschelrute, mit deren Hilfe du jedes Ungleichgewicht erspüren kannst. Lebt jemand in Disharmonie oder herrscht eine Unstimmigkeit zwischen Menschen, schlägt dein magisches Instrument augenblicklich aus. Am schnellsten reagierst du auf eigene Störungen, weswegen es für dich sehr wichtig ist, in Harmonie und Frieden zu leben und dein Umfeld entsprechend auszuwählen. Andere suchen dich auf, weil du sie nicht nur bestens verstehst, sondern auch dazu beiträgst, für Versöhnung und Eintracht in ihrem Leben zu sorgen.«

Mond-Check

Wie weiblich macht dieser Mond? Er macht zärtlich, einfühlsam und auch weiblich, aber nicht im Übermaß.
Wie mütterlich macht dieser Mond? Menschen mit dem Mond im Zeichen Waage können sich Kindern gegenüber schlecht durchsetzen.
Wie gefühlvoll macht dieser Mond? Stimmungen lieben sie, starke Emotionen aber bereiten Probleme.
Wie intuitiv macht dieser Mond? Man ist sehr sensibel und ungeheuer phantasievoll.
Was braucht man mit diesem Mond? Eine harmonische Umgebung und ausgeglichene Beziehungen.
Für den Mann: Wie lautet das Suchbild »(Mond-)Frau«? Sie muss feinsinnig, geschmackvoll, sehr einfühlsam und liebesfähig sein.

Der Mond im Zeichen Skorpion – Tiefgründig

Mondstärken Hinterfragen, aufdecken, im Krisenfall Stärke zeigen, okkulte Fähigkeiten, suggestive Ausstrahlung, großer Familiensinn

Mondschwächen Nicht loskommen von der Mutter, Despotismus, krankhafte Eifersucht, Misstrauen

Die Botschaft des Mondes lautet: »Da das Wesentliche, Eigentliche und Wahre in aller Regel nicht offensichtlich wird, ist es deine Bestimmung, dich bis ins Innerste der Menschen hineinzuspüren. Deinem Röntgenblick bleibt nichts verborgen. Jeden unterziehst du einer Prüfung, und nur wenn er sie besteht, lässt du dich auf eine Beziehung ein. Letztlich suchst du so ein Gegenüber, das dich ergänzt – dein Du –, um mit ihm eine Familie zu gründen. In deinen Kindern lebst du weiter. Sie geben dir Zukunft, auch wenn es dich nicht mehr gibt.«

Mond-Check

Wie weiblich macht dieser Mond? Menschen mit einem Skorpionmond verfügen über große weibliche Kräfte.
Wie mütterlich macht dieser Mond? Gute Mütter sind das – auch die Männer!
Wie gefühlvoll macht dieser Mond? Man empfindet tiefe Gefühle und große Leidenschaft.
Wie intuitiv macht dieser Mond? Die Betreffenden sind visionär und haben magische Fähigkeiten.
Was braucht man mit diesem Mond? Vertrauen und Sicherheit.
Für den Mann: Wie lautet das Suchbild »(Mond-)Frau«? Sie muss stark und bereit sein für ein ehernes Bündnis und gemeinsame Kinder.

Eine besondere Konstellation

Sie sind in der Neumondphase (zwei Tage vor bis zwei Tage nach Neumond) geboren. Sie sind damit ein besonderer Mensch. Denn in Ihnen ist eine große Sehnsucht nach inniger Nähe zu geliebten Menschen, die Sie in einer erfüllten Partnerschaft zu verwirklichen versuchen.

Der Mond im Zeichen Schütze – Sinnstiftend

Mondstärken Optimistisch, motivierend, begeisternd, vielseitig, schriftstellerische Talente, sportliche Fähigkeiten, gut im Ausland leben können

Mondschwächen Blauäugigkeit, Naivität, Phantasterei

Die Botschaft des Mondes lautet: »Du bist auf die Welt gekommen, um der Dunkelheit ein Ende zu bereiten, dem Guten und Gesunden zum Sieg über das Böse und Kranke zu verhelfen. Verstehen, einen Sinn verleihen, verzeihen – so lauten deine Waffen, mit denen du ins Feld ziehst und siegreich zurückkommst. Du bist wie eine heilige Schale, welche alle Waffen stumpf macht, die in sie gelegt werden. Schlimmes wird erlöst. Wunden können heilen. Friede kehrt ein.«

Mond-Check

Wie weiblich macht dieser Mond? Auch als Frau stehen diese Menschen leicht ihren Mann.

Wie mütterlich macht dieser Mond? Zu viel Mütterlichkeit ist ihnen suspekt.

Wie gefühlvoll macht dieser Mond? Man ist feurig, ekstatisch, aber nicht gerade gefühlvoll.

Wie intuitiv macht dieser Mond? Man verfügt über große Intuition und Seelenstärke.

Was braucht man mit diesem Mond? Eine Aufgabe, die etwas Sinnvolles zum Ziel hat.

Für den Mann: Wie lautet das Suchbild »(Mond-)Frau«? Sie muss selbständig, aktiv, sportlich sein. Man muss sich mit ihr auch geistig austauschen können.

Der Mond im Zeichen Steinbock – Überpersönlich

Mondstärken Klares Gefühlsleben, Selbstbeherrschung und Pflichtbewusstsein, Streben nach Objektivität und Durchsichtigkeit, Ernsthaftigkeit, Liebe zum Beruf
Mondschwächen Sich selbst zu negativ sehen, abhängig sein von beruflichem Erfolg, Gefühlskontrolle

Die Botschaft des Mondes lautet: »Du bist mit der Gabe gesegnet, das Allgemeine und Wesentliche auch im Einzelnen und Persönlichen zu erkennen. Das macht dich zu einer Person, die den Menschen in ihrer Gesamtheit verpflichtet ist. Dafür tritt das Persönliche und Individuelle bei dir zurück. Es wird unbedeutend. Du bist Wächter und Bewahrer des Seelischen, Stimmigen und Wahren.«

Mond-Check

Wie weiblich macht dieser Mond? Menschen mit dieser Mondposition sind sehr weiblich, ohne es immer nach außen hin deutlich zu zeigen.
Wie mütterlich macht dieser Mond? Auch ihre Mütterlichkeit ist ausgeprägt, aber nicht unbedingt für eigene Kinder.
Wie gefühlvoll macht dieser Mond? Man unterscheidet echte und wahre Gefühle von Emotionen, die vorgetäuscht werden.
Wie intuitiv macht dieser Mond? Die Betreffenden haben die Fähigkeit, Visionen zu entwickeln.
Was braucht man mit diesem Mond? Eine Aufgabe für die Allgemeinheit.
Für den Mann: Wie lautet das Suchbild »(Mond-)Frau«? Sie soll eine gewisse Persönlichkeit ausstrahlen, stark und selbständig sein.

Der Mond im Zeichen Wassermann – Schöpferisch

Mondstärken Sozial, human, freundlich, aufgeschlossen, ungebunden, Veränderungsliebe, Reisefreude, Erfindungsgabe, Intuitionskraft, Reformwillen

Mondschwächen Zwanghaft antiautoritäres Denken und Handeln, Verwirrtheit

Die Botschaft des Mondes lautet: »Du bist mit einer schöpferischen Quelle verbunden, in der ununterbrochen Neues geboren, Altes verwandelt und neu gestaltet wird. Das Unvorhersehbare, Neue und Fremde ist deine Heimat. Das führt manchmal dazu, dass du dir selbst in deinem Inneren fremd vorkommst, voller Widersprüche steckst und nicht mehr recht weißt, wer du bist und woher du kommst. Solche Phasen dienen aber der Vorbereitung eines neuen schöpferischen Schubs. Du darfst dich davon nicht verwirren lassen.«

Mond-Check

Wie weiblich macht dieser Mond? Männlich oder weiblich? Beide Seiten sind Menschen mit dieser Konstellation vertraut.
Wie mütterlich macht dieser Mond? Man ist der beste Gefährte und Freund aller Kinder, aber nicht der klassische Muttertyp.
Wie gefühlvoll macht dieser Mond? Stimmungen sind wunderbar. Emotionen gegenüber sind die Betreffenden misstrauisch.
Wie intuitiv macht dieser Mond? Er schenkt Offenbarungsträume, in denen Hinweise für den eigenen Lebensweg enthalten sind.
Was braucht man mit diesem Mond? Anregungen, Veränderungen und die Möglichkeit, sich schöpferisch zu betätigen.
Für den Mann: Wie lautet das Suchbild »(Mond-)Frau«? »Etwas Besonderes« soll sie sein – frei, unabhängig – und sich von anderen Frauen unterscheiden.

Der Mond im Zeichen Fische – Geheimnisvoll

Mondstärken Medialität, heilerische Qualitäten, Kraft durch Glauben, Sensibilität, Liebe für andere, Liebe zur Schöpfung, verlässliches instinkthaftes Gespür

Mondschwächen Wirre Phantasievorstellungen, Unsicherheit, Bindungslosigkeit

Die Botschaft des Mondes lautet: »Du bist wie der Mond, der sich am Vormittag noch am blauen Himmel zeigt, bis er mit ihm auf rätselhafte Weise verschmilzt – schillernd, beinah durchsichtig und im Inneren zerbrechlich und fein. Du bist dem Gefäß, in dem die Seele wohnt, sehr nah und weißt, dass man sie nicht fassen kann. Sie zeigt sich nur denen, die ohne Absicht sind, Kindern und Heiligen. Du bist voller Liebe für alles, was unvollkommen ist, kannst heilen und versöhnen.«

Mond-Check

Wie weiblich macht dieser Mond? Äußerst weiblich.
Wie mütterlich macht dieser Mond? Menschen mit einem Fischemond fühlen sich als Mutter der gesamten Schöpfung.
Wie gefühlvoll macht dieser Mond? Man ist unglaublich gefühlvoll.
Wie intuitiv macht dieser Mond? Mehr Intuition weist keine der anderen Mondstellungen auf.
Was braucht man mit diesem Mond? Stille, Einkehr, Liebe und Verständnis für die geheimnisvollen Seiten des Seins.
Für den Mann: Wie lautet das Suchbild »(Mond-)Frau«? Sie soll liebevoll, geheimnisvoll, fast engelhaft sein.

Merkur – Schlau, beredt, kommunikativ und göttlich beraten

Die Bedeutung Merkurs

Der römische Gott Merkur entspricht ganz dem Hermes der griechischen Mythologie. Er war ein ausgesprochen schillernder Gott, versehen mit zahlreichen Eigenschaften und Funktionen. Respekt und Bewunderung erwarb er sich durch Klugheit und Raffinesse. So stahl er, gerade erst als Sohn des Jupiter bzw. Zeus und der Nymphe Maia geboren, dem Gott Apoll eine Rinderherde. Von diesem zur Rede gestellt, spielte er auf einem mit Fell und Saiten versehenen Schildkrötenpanzer derart gekonnt auf, dass Apolls Zorn verflog und er ihm die Rinder im Tausch gegen das Musikinstrument überließ. Ganz nebenbei hatte Merkur auf diese Weise die Lyra erfunden, jenes zauberhafte Instrument, mit dem später Orpheus Menschen wie Götter verzauberte.

Gott Merkur war also klug und listig, und genau diese Fähigkeit verleiht er auch dem Menschen. Er macht beredt, erfinderisch und verhilft einem auch mal zu einer guten Ausrede. Wegen seiner listigen Eigenschaften wurde er zum Gott der Kaufleute, Diebe und Bänkelsänger. Seine Fröhlichkeit machte ihn zum Schutzpatron all derjenigen, die auf heiteren Wegen wandeln. Und sein Diebstahl der Kühe ließ ihn selbstredend zum Gedeihen der Viehherden beitragen. Infolge seiner Lust am Reden und seines Talents, sich allemal in ein günstiges Licht zu setzen, wurde er der göttliche Freund all derer, die viel sprechen, schreiben und auf der Bühne stehen: Dichter, Sänger, Schauspieler, Politiker, Talkmaster, Ansager, Komiker, Artisten und Musiker. Wie wir denken, reden, kommunizieren, uns darstellen und uns verkaufen, das alles verrät die Position Merkurs in unserem Horoskop. Er verkörpert unsere unbeschwerte Seite und den leichtesten Weg, den man gehen kann.

Aber Merkur hat noch mehr auf Lager: Bei den Griechen galt er als Diener Jupiters und als Götterbote, der zwischen dem Olymp, dem Wohnort der Unsterblichen, und den Menschen drunten auf der Erde vermittelte. Und er begleitete auch die Seelen der Ver-

storbenen in die Unterwelt. Er besaß geflügelte Sandalen und einen geflügelten Hut, damit er rasch hin und her eilen konnte. Ein weiteres Attribut war sein goldener Heroldsstab, der Kerykeion, ein Zauberstab.
Hermes übermittelte also den Willen seines Vaters Zeus. So führte er zum Beispiel in dessen Auftrag Hera, Athene und Aphrodite zum Idagebirge, wo Paris den goldenen Apfel der – seiner Wahl nach – schönsten der Frauen überreichen sollte. Seine Entscheidung für Aphrodite, die ihm dafür Helena versprochen hatte, löste später bekanntlich den Trojanischen Krieg aus.
Tatsächlich fungiert Merkur auch in der Astrologie als eine Art Empfangs- und Sendestation. Wo er sich in unserem Horoskop befindet, sind uns die Götter besonders nah und übermitteln uns ihre Botschaften und Nachrichten. Umgekehrt können wir dort die Götter am ehesten erreichen.
Merkur ist der sonnennächste Planet. Er zieht seine Kreise um unser Zentralgestirn so eng, dass er sich nie mehr als ein Zeichen von der Sonne entfernen kann. Das führt auch dazu, dass in vielen Horoskopen Merkur die gleiche Tierkreiszeichenposition einnimmt wie die Sonne.

☿ Das astrologische Symbol besteht aus einer Schale, einem Kreis und dem Kreuz. Die Schale symbolisiert seelische Empfänglichkeit. Der Kreis steht für die Dimension des Geistes, das Kreuz für Materie. Das Symbol in seiner Gesamtheit signalisiert, dass Seele und Geist über der Materie stehen und sie dominieren.
Auf den folgenden Seiten finden sich die wichtigsten Eigenschaften der Merkurposition von Skorpiongeborenen. Bei der konkreten Anwendung ist auch hier zu berücksichtigen, dass die Konstellation durch Verbindungen mit verschiedenen weiteren Gestirnen immer eine andere Färbung bekommen und im Einzelfall stark von den genannten Deutungen abweichen kann.
Die exakte Merkurposition lässt sich wieder über die Homepage des Autors herunterladen (www.bauer-astro.de).

Der Skorpion und sein Merkurzeichen

Merkur im Zeichen Waage – Ausgleichendes Denken

Merkurstärken Verbindendes und verbindliches, logisches und abstraktes Denken, einfühlsam sein
Merkurschwächen Unentschieden und wankelmütig sein

Die Botschaft Merkurs lautet: »Ich, Merkur im Zeichen Waage, verhelfe dir zu einem sehr *du*orientierten Denken. Du versetzt dich bei jeder Unterhaltung in dein Gegenüber und versuchst, die Welt auch aus seiner Sicht zu betrachten. Das ist eine Stärke für jedes persönliche Gespräch; in der Begegnung mit dir entsteht nie das Gefühl, zu kurz zu kommen, nicht verstanden zu werden. Zum Nachteil gerät, dass es dir schwerfällt, eine eigene Meinung zu vertreten. Du versuchst daher, dein Denken auf ein logisches Fundament zu stellen: Du wägst ab, vergleichst, hörst die Argumente anderer, ziehst Schlüsse usw. Diese ständige ›Kopfarbeit‹ ist anstrengend. Zuweilen musst du daher ›abschalten‹, den Kopf leeren. Das gelingt dir (mit viel Geduld und Zeit) am ehesten durch Meditation oder Yoga.
Größte Probleme hast du mit Menschen, die sich auf ihre Erfahrungen berufen. Jemand, der sagt: ›Das haben wir doch schon immer so gemacht!‹, treibt dich an den Rand des Wahnsinns. Auch wenn sich Denken und Fühlen vermischen, regt sich dein Widerstand. Aber genau diese Art zu argumentieren musst du wohlwollend annehmen, wenn du nicht einseitig werden willst.
Mit einem anderen Menschen – egal, mit wem – ein Gespräch zu führen fällt dir ansonsten leicht. Deine große Gabe ist es, (fast) jeden zu verstehen, den du näher kennst.«

Merkur-Check
Ist man mit diesem Merkur kontaktfähig? Man weiß genau, wann der richtige Moment ist, auf jemanden zuzugehen.
Was bringt einen »den Göttern« näher? Sich mit jemanden zu verstehen, mit jemandem im Einklang zu sein, zu lieben und geliebt zu werden.

Merkur im Zeichen Skorpion – Tiefes Denken

Merkurstärken Hinterfragendes, bohrendes Denken, den Dingen auf den Grund gehen

Merkurschwächen Subjektiv verfälschtes Denken

Die Botschaft Merkurs lautet: »Du denkst ›mit dem Bauch‹: Deine Gefühle gehen in dein Denken ein und färben es subjektiv. Welche Schlüsse du ziehst und welche Ideen dir kommen, hängt stark davon ab, wie es dir gerade geht, was du erlebst oder wie du dich fühlst. Erwartungsgemäß weckst du damit bei anderen Menschen (meistens Männern) Kritik und Ablehnung. Bemängelt wird, dass du nicht geradlinig, logisch, abstrakt oder neutral argumentierst. Aber aus einer übergeordneten und ganzheitlichen Sicht ist deine Art völlig stimmig. Eine Welt ausschließlich aus logisch oder empirisch denkenden Menschen wäre unsinnig und überaus langweilig. Denn Gefühle sind ja nichts Verkehrtes, in ihnen kommt das Leben selbst zu Wort. Und genau das ist deine Stärke mit mir, Merkur im Zeichen Skorpion: den Puls des Lebens aufzuspüren. Du willst den Dingen auf den Grund kommen und legst gern ›den Finger in die Wunde‹. Du kannst sehr hartnäckig sein, wenn du nur den leisesten Verdacht hast, dass etwas nicht stimmt, dass etwas versteckt oder verheimlicht wird. Zuweilen schießt du auch übers Ziel hinaus und vermutest ›Gespenster‹. Aber das ist noch lange kein Grund, an deiner Art des Denkens und Argumentierens zu zweifeln oder dich von anderen verunsichern zu lassen.
Ebenso tief sind deine menschlichen Beziehungen. Nach dem Motto ›Alles oder nichts‹ gehst du oberflächlichen Kontakten aus dem Weg, hast daher auch entsprechende Vorbehalte gegen Smalltalk und belangloses Partygeplauder.«

Merkur-Check

Ist man mit diesem Merkur kontaktfähig? Oberflächliche Kontakte vermeidet man tunlichst. Man sucht den intensiven Dialog mit dem anderen.

Was bringt einen »den Göttern« näher? Sich mit jemandem tief auszutauschen, verstanden zu werden, nach seiner Fasson leben zu können.

Merkur im Zeichen Schütze – Inspiriertes Denken

Merkurstärken Optimistisches Denken, die Gabe der Inspiration

Merkurschwächen Flüchtigkeit, die Realität in einem zu rosigen Licht sehen, die eigenen Schwächen nicht erkennen

Die Botschaft Merkurs lautet: »Dein Denken ist nicht logisch und auch nicht unbedingt von Erfahrungen geprägt. Ich, Merkur im Zeichen Schütze, verhelfe dir zu Ideen und Inspirationen, die dir scheinbar in den Schoß fallen, so als fielen sie vom Himmel. Wenn du beginnst, deine Argumente zu begründen, gerätst du in Schwierigkeiten. Und eigentlich gibt es bei Eingebungen auch nichts zu begründen. Es ist eine in sich stimmige Art, die Welt zu erfahren und zu verarbeiten. Du kannst dich sogar so stark mit deiner geheimnisvollen Quelle der Inspiration verbinden, dass du die Herzen anderer Menschen berührst und zu öffnen vermagst. Ich, der Schützemerkur, mache dich zu einer Art ›Menschenflüsterer‹.

Diese Gabe benötigt viel Umsicht. Du bewegst dich ja im Raum des Geistes, der Ideen und des Glaubens. Dabei verliert man schnell den realen Boden unter den Füßen, wird naiv oder überheblich. Du solltest wissen, dass du unter mir leicht dazu neigst, deine eigenen Ideen als der Weisheit letzten Schluss zu betrachten – egal, wie banal sie auch sein mögen. Du brauchst daher Selbstkritik und Bescheidenheit, musst immer wieder innehalten und dich in Frage stellen. Lass dir aber auf keinen Fall deine Gabe der Inspiration ausreden, und zweifle vor allem nicht selbst daran!

Deine Kontakte sind ›stürmisch‹: Du kannst andere Menschen mitreißen und überzeugen. Auch diese Gabe birgt Gefahren, nämlich dass du anderen etwas aufzwingst oder sie verführst.«

Merkur-Check

Ist man mit diesem Merkur kontaktfähig? Man besitzt die Fähigkeit, andere mitzureißen.

Was bringt einen »den Göttern« näher? Zu diskutieren, sich der Wahrheit dabei allmählich anzunähern, von einer neuen Idee inspiriert zu sein.

Venus – Die Liebe

Die Bedeutung der Venus

Kurz nach Sonnenuntergang – der Westen badet sich noch in goldenem Rot, im Osten kündet stahlblauer Himmel die Nacht an – kann man sie sehen, die Venus. Sie ist so hell, dass man sie manchmal mit den Lichtern eines Flugzeugs verwechselt. Und in Gegenden, die nicht künstlich erleuchtet sind, überkommt den Betrachter bei ihrem Anblick das Gefühl einer außerirdischen Begegnung. Der Tag geht zur Ruhe, Venus läutet den Feierabend ein, jene Zeit, die weder der Arbeit noch dem Schlaf gehört, sondern der Muße – und der Liebe.

Die Hälfte des Jahres läuft sie, wie wir es von der Erde aus sehen, der Sonne nach, und sie steht dann als Venus des Abends nach Sonnenuntergang noch einige Zeit am Abendhimmel. Die andere Hälfte jedoch läuft sie der Sonne voraus und steigt als Venus des Morgens vor der Sonne über den östlichen Horizont als strahlende Botin des neuen Tages. Die Venus verzaubert also nicht nur den Abend, sondern auch den Morgen.

Venus oder ihr griechisches Pendant Aphrodite trug den Beinamen »Schaumgeborene« (griechisch *aphrós* = »Schaum«). Einem Mythos zufolge hat Kronos (Saturn[us]), der Vater des Zeus, seinen Vater Uranos mit der Sichel entmannt und das Zeugungsglied bei Zypern ins Meer geworfen. Aus dem Schaum, der sich dabei bildete, ist die Göttin der Schönheit entstanden.

Sie galt als die fruchtbare Patronin des blühenden Frühlings und der überströmenden Frühlingslust. Sie war die Beschützerin der Gärten, Blumen und Lusthaine. Ihre Lieblingsgewächse waren Myrten, Rosen und Lilien, ihre Frucht der Apfel, ihre bevorzugten Tiere Widder, Böcke, Hasen, Tauben und die bunten Schmetterlinge. Vor allem aber war Venus/Aphrodite eine Frau, deren unvergleichliche Schönheit die Männer betörte. Man fand schier kein Ende, all ihre Reize aufzuzählen: göttlicher Wuchs, strahlende Augen, verlockender Blick, rosenknospiger Mund, zierliche Ohren, reizender Busen und dergleichen mehr.

Im Vergleich zu ihr sah ihr hässlicher, hinkender Ehemann Hephaistos, der Gott des Erdfeuers und Schutzgott der Schmiede, ziemlich alt aus, wie man heute sagen würde. Jeder fragte sich, wie diese Schönheit einem so grobschlächtigen Mann zugetan sein konnte, auch Venus selbst. Sie nutzte denn auch jede Gelegenheit zu einem Seitensprung. Der bekannteste und folgenreichste war wohl jener mit Mars, dem Amor entstammte, der spitzbübische Junge mit den heimtückischen Liebespfeilen.
Die schöne Venus bekam ein würdiges Denkmal am Himmel: Das hellste Gestirn wurde nach ihr benannt. Je nach Position kündet Venus als »Abendstern« den Feierabend, vor Sonnenaufgang die nahende Morgenröte an.
»Venus« ist ein anderes Wort für »Liebe, Lust, Zärtlichkeit, Leidenschaft, Zweisamkeit, Anziehung, Nähe, Knistern, Flirten, Sehnsucht, Verschmelzung, Sinnlichkeit« und so fort. Aber jede Venusposition in den Tierkreiszeichen gibt all diesen Facetten der Liebe eine andere Färbung, ein bestimmtes Gewicht, einen spezifischen Glanz.

♀ Das astrologische Symbol besteht aus einem Kreuz und einem Kreis. Letzterer symbolisiert den Geist. Das Kreuz wiederum ist ein Sinnbild für die Materie: Der Kreis steht über dem Kreuz, er lenkt die Materie, führt sie zur Vollendung in der Liebe.
Auf den folgenden Seiten finden sich die bedeutendsten Eigenschaften der Venusposition von Skorpiongeborenen. Bei einer konkreten Anwendung ist wieder zu berücksichtigen, dass die Konstellation durch Verbindungen mit verschiedenen weiteren Gestirnen unter Umständen eine andere Färbung bekommt und im Einzelfall möglicherweise stark von den hier genannten Deutungen abweicht.
Auch die exakte Venusposition kann über die Homepage des Autors heruntergeladen werden (www.bauer-astro.de).

Der Skorpion und seine Venuszeichen

Venus im Zeichen Jungfrau – Reine Liebe

Venusstärken Aufmerksam, unschuldig, rein, geistreich, mitfühlend, künstlerische Neigung
Venusschwächen Kühl, distanziert, unaufrichtig

Die Botschaft der Venus lautet: »Zum Sex hast du ein recht gespaltenes Verhältnis. Einerseits möchtest du ihn, bist sogar süchtig danach, träumst von einer Liebe und einem Orgasmus, der den Himmel zittern lässt. Andererseits verurteilst du Sex als dumm, tierisch, primitiv, unter deiner Würde. Vor allem aber hat er – so deine Meinung – rein gar nichts mit vollkommener Liebe zu tun. Was jetzt? Ein bisschen schizophren? Mitnichten! Du betrachtest Sex lediglich aus sämtlichen Perspektiven. Und irgendwann begreifst du, dass er nichts anderes ist als reinste Energie. Dann könntest du auch mit jedem Sex haben – oder mit gar keinem. Dann bist du ebenso bereit, Sex zu sublimieren und in ein kosmisches Erlebnis zu transformieren.
Ehe du zum Heiligen oder zur Heiligen wirst, musst du alles ausprobieren, was es gibt. Aber nicht vergessen: Sex ist nur eine Vorstufe, ein Übergang zu höherer Bestimmung und Erfüllung. Bleib auf dem Laufenden!«

Venus-Check

Kann man mit dieser Venus gut allein sein? Wenn es sein muss, ja. Aber schön ist es nicht.
Braucht man mit dieser Venus Sicherheit? O ja, ohne Liebe ist man ziemlich verloren.
Besteht diese Venus auf Treue? Natürlich, aber man hält sich nicht daran.
Macht diese Venus eifersüchtig? Ja, man leidet Qualen.
Findet man leicht einen Partner? Man hat sich schon oft die Finger verbrannt und ist überdies schüchtern.

Venus im Zeichen Waage – Kunstvolle Liebe

Venusstärken Charmant, stilvoll, einfühlsam, gütig, freundlich, liebevoll, anziehend, vollkommen schön, verständnisvoll

Venusschwächen Unklar, eingebildet

Die Botschaft der Venus lautet: »Erinnerst du dich noch daran, als du ein kleines Mädchen warst? Du saßest bei Papa auf dem Schoß und himmeltest ihn an. Oder du tapstest süß lächelnd zur Tante, so dass sie dir jeden Wunsch erfüllte. Seitdem hat sich nichts Wesentliches geändert. Du hast vielleicht die Kunst, dich mit allen Tricks und Raffinessen ins beste Licht zu setzen, perfektioniert und beherrschst sie heute aus dem Effeff. Aber du möchtest immer noch, wie damals als Drei- oder Vierjährige, dass die Menschen gut und friedlich miteinander umgehen – und erst recht dann, wenn sie sich lieben. Auch wenn dir widriger familiärer oder sonstiger Umstände wegen die Berufung zum Liebeskünstler scheinbar abhandengekommen ist: Selbst die tiefsten Wunden können durch die Kraft der Liebe geheilt werden, die dir bereits in die Wiege gelegt wurde. Probier es noch einmal und lerne, dich besser zu schützen! Nicht auf grobe, tölpelhafte, stillose Art, sondern schön verpackt, mit rosaroter Schleife!«

Venus-Check

Kann man mit dieser Venus gut allein sein? Zum Alleinsein ist man nicht geboren.

Braucht man mit dieser Venus Sicherheit? Ja, aber man gibt sie auch.

Besteht diese Venus auf Treue? Einerseits ja, andererseits ist die Liebe ja so verlockend.

Macht diese Venus eifersüchtig? Weniger eifersüchtig als enttäuscht.

Findet man leicht einen Partner? Keine Frage, so beliebt, wie man ist in der Welt.

Venus im Zeichen Skorpion – Totale Liebe

Venusstärken Leidenschaftlich, hingebungsvoll
Venusschwächen Eifersüchtig, zügellos, ausschweifend, wollüstig, hemmungslos

Die Botschaft der Venus lautet: »Würde man dir sagen, dass du dein ganzes Leben mit einem stinknormalen Liebhaber verbringen wirst, könntest du dich auch gleich einmotten lassen oder ins Kloster gehen. Keine Dramen? Keine Eifersucht? Keine blutigen Schrammen? Liebe ist doch kein Spaziergang, bei dem sich zwei Menschen an den Händen halten und freundlich anlächeln! Eine Herausforderung ist das, ein Tanz auf dem Vulkan, alles oder nichts! Schließlich habe ich mir nicht umsonst die spannendste Ecke im astrologischen Tierkreis ausgesucht. ›Skorpion‹, das ist ein anderes Wort für ›Finsternis‹, für ›Unterwelt‹, für ›Hölle‹. Aber ›Skorpion‹ bedeutet auch ›Transformation‹. Wer hinuntertaucht in die tiefste Lust und Leidenschaft, wer den Mythos völliger Hingabe nachvollzieht, der geht nicht unter, sondern steigt strahlend, leicht und selbstbewusst wieder auf: Am anderen Ende des Tunnels ist Licht – und das weißt du auch!«

Venus-Check

Kann man mit dieser Venus gut allein sein? Es geht, aber man leidet.
Braucht man mit dieser Venus Sicherheit? Nein, sondern Leidenschaft, Gefühl, Tiefe.
Besteht diese Venus auf Treue? Natürlich, bis zum Tod!
Macht diese Venus eifersüchtig? Das ist das Problem: Man ist abgrundtief eifersüchtig.
Findet man leicht einen Partner? Nein, weil man nicht jeden akzeptiert.

Venus im Zeichen Schütze – Flammende Liebe

Venusstärken Unabhängig, frei, verfeinerte und vergeistigte Ansicht von Liebe, große Vorstellungskraft, erfinderisch, feurig, wahrhaftig, selbstsicher
Venusschwächen Prahlerisch, bindungsunfähig, zur Untreue neigend

Die Botschaft der Venus lautet: »Das astrologische Zeichen Schütze symbolisiert keine ruhmreichen Krieger, auch keine kosmischen Sportsmänner oder -frauen, sondern Fabelwesen mit Pferdeleib und menschlichem Oberkörper. Im griechischen Mythos trugen sie den Namen ›Kentauren‹. Mensch und Tier sind natürlich Metaphern für (menschlichen) Geist, Verstand, Einsicht und Weisheit einerseits und (tierische) Lust, Sex, Gier und Triebhaftigkeit andererseits. Genau zwischen diesen beiden Polen spielt sich dein Liebesleben ab: ›La belle et la bête‹ – erkennst du dich? Du bist die oder der schöne, sanfte Geliebte, die oder der ein fremdes Wesen nach Hause trägt, es pflegt und zähmt und wärmt und ihm ›die Wunden leckt‹ …
Und das Spiel funktioniert genauso gut auch umgekehrt: Dann bist du das wilde Tier, die pure Gier, und dein Partner reagiert aus dem Kopf heraus, gibt sich ein bisschen weise, ist aber in jedem Fall meilenweit entfernt von seiner eigenen Lust, die du ihm wieder schenken willst. Werden beide Seiten wie Himmel und Hölle auf ewig miteinander ringen? Wer weiß! Sicher ist, dass Menschen mit der Venus im Zeichen Schütze oft solo leben, sehr selbstbewusst sind und von den lustvollsten Erfahrungen mit den unterschiedlichsten Partnern zu berichten wissen. Beweist das nicht, dass das Spiel zwischen Himmel und Hölle viel spannender ist als der brave Mittelweg?«

Venus-Check

Kann man mit dieser Venus gut allein sein? Kein Problem. Man findet immer Begleitung.
Braucht man mit dieser Venus Sicherheit? Keinesfalls, sondern Abenteuer.

Besteht diese Venus auf Treue? Nein, aber unbedingt auf Fairness.
Macht diese Venus eifersüchtig? Da muss man durch.
Findet man leicht einen Partner? Ja, und zwar rund um den Globus.

Venus im Zeichen Steinbock – Beherrschte Liebe

Venusstärken Entwicklungsfähig, tief, erdig, verbunden, ehrgeizig, strebend
Venusschwächen Gefühlskalt, verstimmt, melancholisch

Die Botschaft der Venus lautet: »Partner, die beim Liebesakt wie Hirsche röhren, ohne den anderen nicht einschlafen können und nur aus Angst vor dem Alleinsein in einer Beziehung bleiben – dies alles ist nicht deine Vorstellung von Liebe! Du nimmst die Liebe selbst in die Hand, bestimmst, wie es läuft, und hast deine Gefühle im Griff. Du kannst auch allein sein – weißt aber sehr wohl, wie man sich eine(n) Liebhaber(in) besorgt.
Ein bisschen cool bist du auch. Der Steinbock ist ein Winterzeichen und befindet sich als solches eher auf dem Rückzug, auf der Suche nach Schutz. Damit kommt man aber schwer an dich heran. Das musst du verstehen! Irgendwann in deinem Leben war es ›eiskalt‹. Vielleicht wurde deine Liebe sogar schon als Kind missbraucht. Sich zu schützen war lebenswichtig. Aber nichts bleibt immer so, wie es ist. Selbst nach dem kältesten Winter folgt der Frühling.«

Venus-Check

Kann man mit dieser Venus gut allein sein? Ja, das ist sogar eine Stärke.
Braucht man mit dieser Venus Sicherheit? Nein, man selbst ist sicher.
Besteht diese Venus auf Treue? Ja, und zwar absolut. Untreue löst den Rachereflex aus.
Macht diese Venus eifersüchtig? Nein, nicht besonders.
Findet man leicht einen Partner? Nein, dazu ist man zu anspruchsvoll.

Mars – Potent, sexy und dynamisch

Die Bedeutung des Mars

Rötlich funkelnd wie Feuer oder Blut, so präsentiert sich nur ein Gestirn am nächtlichen Himmel: der Planet Mars. Abhängig von seiner Nähe zur Erde verändert sich obendrein die Intensität. Menschen früherer Zeiten erschauerten daher, wenn sein Rot zunahm. Sie sprachen von einem zornigen Auge am Himmel und betrachteten es als böses Omen.

In klassischer Zeit galt Mars als Herr und Beschützer der Kriege. Hinter Mars stecken allerdings nicht nur bedrohliche Eigenschaften: So schickt er zum Beispiel zündende Ideen, verleiht Startkraft und schenkt Courage. Mars sorgt für den richtigen Biss, um sich behaupten und Rivalen aus dem Weg schlagen zu können. Er verleiht die für das Konkurrenzgerangel unerlässlichen »spitzen Ellenbogen« und programmiert auf Sieg. Er verkörpert das Urmännliche, den heldenhaften, schönen Jüngling genauso wie einen sexbesessenen Macho. Mars steht auch einfach für Libido und Potenz. In ganz besonderer Weise verrät die Marsposition die Art und Weise des Eroberungsspiels: Ob man direkt auf jemanden zugeht, abwartet oder gar zum Rückzug bläst, es ist Mars, der die Fäden in der Hand hält.

Mars ist ein absolut männlicher Planet, vielleicht der männlichste überhaupt. Frauen besitzen zwar genau wie Männer ihren Mars, aber eher als Potenzial, als Anlagebild, und neigen dazu, ihn nicht selbst auszuleben, sondern ihn zu projizieren. Sie suchen sich Männer, die ihrem Mars entsprechen. Über diesen Umweg hat er dann doch Anteil an ihrem Leben. Frauen, die Berufe ergreifen, welche früher eher als typisch männlich galten (im Management beispielsweise), leben ihren Mars weitgehend selbst. Er ist der regierende Planet des Widders und weist daher viele Wesenszüge dieses Tierkreiszeichens auf.

♂ Das astrologische Symbol besteht aus einem Kreis und einem Pfeil. Ersterer symbolisiert den Geist, Letzterer die Bewegung. Das Symbol in seiner Gesamtheit steht für einen bewegten und bewegenden Geist.
Auf den folgenden Seiten finden sich die zentralen Eigenschaften der Marsposition in einem Horoskop. Bei einer individuellen Anwendung ist ein weiteres Mal zu berücksichtigen, dass die Konstellation durch Verbindungen mit verschiedenen Gestirnen immer eine andere Nuance bekommen und im Einzelfall auch einmal stark von den hier genannten Interpretationen abweichen kann.
Ihre exakte Marsposition können Sie wieder über die Homepage des Autors herunterladen (www.bauer-astro.de).

Der Skorpion und seine Marszeichen

Mars im Zeichen Widder – Impulsiv

Marsstärken Energisch, kühn, mutig, stolz
Marsschwächen Streitsüchtig, egoistisch

Die Botschaft des Mars lautet: »Du verfügst über doppeltes Feuer, bist kämpferisch, mutig und furchtlos. Du machst fast vor nichts halt, bist ein Draufgänger, ein Held und Abenteurer, jemand, der nicht lange fackelt. Du willst nach deiner Fasson leben und sorgst dafür, dass dein Wille geschieht. Allerdings kann es sein, dass du mich (noch) nicht hast zu Wort kommen lassen, dass du dich und andere vor mir schützt, mich vielleicht unterdrückst oder verleugnest. Du hältst dich vielmehr für eine friedliche oder gehemmte Person.
Möglicherweise verspürst du gelegentlich ein inneres Rumoren, es packt dich ein Beben, das in einen völlig unerwarteten Wutausbruch mündet. Wahrscheinlich steigt dir diese eingesperrte Power in den Kopf und macht sich dort schmerzhaft bemerkbar. Sei, wie du bist. Gib nach, verschaff dieser Kraft rechtzeitig Raum – und dir Luft!
Was hilft, ist eine Tätigkeit, die dir möglichst viel Freiheit lässt. Erleichterung findest du auch über sämtliche aktiven Sportarten. Am wichtigsten aber ist, dass du mit der Zeit mehr und mehr zu mir und damit zu dir stehst, dir mehr zutraust, öfter mal über die Stränge schlägst und dich nicht dafür tadelst, wenn dein ›marsischer‹ Anteil über dich kommt.«

Mars-Check

Wie gut setzt man sich mit diesem Mars durch? Die Voraussetzungen sind exzellent.
Wie aggressiv macht dieser Mars? Sehr, sofern man sich nicht auslebt.
Wie viel Sexpower bekommt man mit ihm? Jede Menge, vorausgesetzt, man unterdrückt sie nicht selbst.

Mars im Zeichen Stier – Beharrlich

Marsstärken Ausdauernd, zäh, sinnlich
Marsschwächen Jähzornig, gierig, stur

Die Botschaft des Mars lautet: »Die Kombination meines Feuers mit der Erde des Stiers verleiht dir die Stärke eines mittleren Erdbebens. Was du anpackst, ziehst du auch durch, denn du hast nicht nur Kraft, sondern bist auch zäh und ausdauernd. Dein Feuer brennt nicht lichterloh, um dann rasch in sich zusammenzufallen. Es gleicht einer beständigen Glut. Darüber hinaus bringt die Begegnung mit mir und dem Stier eine betont sinnliche Komponente in dein Dasein. Als dritte Haupteigenschaft verfügst du über einen enormen Erwerbstrieb: Dein Lebtag lang arbeitest du für Sicherheit, Geld, ein Haus, Luxus oder was auch immer. Du bist dazu geboren, das Fleckchen Erde, auf dem du lebst, in ein blühendes Paradies zu verwandeln.
Möglicherweise führe ich bei dir aber ein Schattendasein, und du kennst mich noch gar nicht richtig. Vielleicht schätzt du dein Leben überhaupt nicht als übermäßig sinnlich ein oder bezeichnest dich sogar als arm. Aber das heißt nur, dass du mich noch nicht gefunden hast. Doch ich bin da. Meine kolossale Kraft, meine Sinnlichkeit und der Zug zum Reichtum schlummern in dir.
Was dir hilft, mich zu aktivieren, sind körperliche Bewegung und Kontakt mit der Natur. Am wichtigsten aber ist, dass du an mich glaubst und in deinem Denken und Handeln Raum für mich schaffst.«

Mars-Check

Wie gut setzt man sich mit diesem Mars durch? Stark wird man bei Angriffen.
Wie aggressiv macht dieser Mars? Sehr, wenn man gereizt wird.
Wie viel Sexpower bekommt man mit ihm? Darüber muss kein Wort verloren werden. Oder höchstens eines: viel!

Mars im Zeichen Zwillinge – Verspielt

Marsstärken Gewandt, neugierig, vielseitig
Marsschwächen Unkonzentriert, zerstreut

Die Botschaft des Mars lautet: »Ich helfe dir dabei, ein unternehmerischer, vielseitig interessierter und talentierter Mensch zu sein. Mein Feuer in Verbindung mit der Luft des Zwillingezeichens macht dich mutig und unerschrocken. Die beiden Elemente ergeben eine sehr günstige Mischung: Feuer braucht Luft. Im übertragenen Sinn bedeutet Luft Kommunikation. Daraus folgt, dass du vitaler, lebendiger und feuriger wirst, sobald du unter Menschen bist. Hingegen dämpft Alleinsein dein Temperament. Oder die Gedanken beginnen zu rotieren, und du kannst deinen Kopf nicht mehr abschalten.
Deine ohnehin vorhandene Neugier wird durch mich noch beflügelt. Dein Interesse an allem lässt sich jedoch nur im Kontakt mit deiner Außenwelt ausreichend befriedigen. Allerdings kann es auch sein, dass du mich noch gar nicht richtig entdeckt hast und mich daher nicht ausleben kannst. Dein eigenes Leben kommt dir vielleicht nicht übermäßig interessant und abwechslungsreich, sondern eher ziemlich öde vor. Dann ist es höchste Zeit, mich ans Licht zu holen. Du spürst womöglich schon, wie ich in deinem Inneren rumore.
Was dir hilft, mich zu ›wecken‹, sind Atemübungen und viel körperliche Betätigung an der frischen Luft. Am wichtigsten aber ist, dass du an mich glaubst und in deinem Denken und Handeln Raum für mich schaffst.«

Mars-Check

Wie gut setzt man sich mit diesem Mars durch? Auf den Mund gefallen ist man mit ihm auf keinen Fall.
Wie aggressiv macht dieser Mars? Man schimpft höchstens einmal kräftig.
Wie viel Sexpower bekommt man mit ihm? Sex macht Spaß. Man hat viel Lust dazu, übertreibt es aber nicht.

Mars im Zeichen Krebs – Gefühlvoll

Marsstärken Emotional, eruptiv
Marsschwächen Schwierig, gebremst, »zickig«

Die Botschaft des Mars lautet: »Wir beide haben es nicht ganz leicht miteinander. Das Wasser des Krebszeichens kann mein Feuer zum Erlöschen bringen. Dann bist du ein Mensch, der Schwierigkeiten hat, seinen Willen durchzusetzen, notfalls mal die Ellenbogen einzusetzen, sich zu behaupten. Denn das sind die Eigenschaften, die ich verleihe. Zugleich aber bist du vermutlich innerlich gespannt, spürst Wut, Frustration und Ungenügen und kannst damit aber nicht richtig herausrücken. Du kannst allerdings auch diese feurigen Eigenschaften in dir transformieren. Du wirst jedoch nicht so direkt und forsch handeln, wie es diese Attribute ungebremst ermöglichen würden. Dafür besitzt du dann aber ein tiefes Gefühlsleben. Du bist so in positivster Weise ein Mensch, der tief in sich hineinschaut und seine Seele wie auch die anderer kennt.
Wenn du mich so lebst und erlebst, bist du ein rezeptiver, kreativer Mensch, einer, der durch sein Mitschwingen mit anderen und sein psychologisches Gespür am Ende genauso viel erreicht wie Menschen mit anderen Marspositionen. Allerdings kann es auch sein, dass ich bei dir noch ein Schattendasein führe. Du schätzt mich nicht und versuchst, mich durch effektiveres Verhalten zu ersetzen. Nur funktioniert das so eben nicht: Am Ende wirst du noch unsicherer sein.
Steh zu mir, deinem Mars! Lebe mich mit all meinen Widersprüchen. Befass dich mit Psychologie. Das hilft dir, dich selbst besser zu verstehen.«

Mars-Check

Wie gut setzt man sich mit diesem Mars durch? Es fällt einem schwer, sich auf direktem Weg durchzusetzen.
Wie aggressiv macht dieser Mars? Es dauert eine Weile, bis man wütend wird, dann aber richtig.
Wie viel Sexpower bekommt man mit ihm? Man ist sehr erotisch, wenn man sich sicher fühlt.

Mars im Zeichen Löwe – Imposant

Marsstärken Selbstbewusst, herzlich, stolz
Marsschwächen Selbstsüchtig, eitel

Die Botschaft des Mars lautet: »Du verfügst über doppeltes Feuer. Ich, der feurige Planet, begegne dem Löwen, einem dem Element Feuer zugehörenden Zeichen. Feuer trifft also auf Feuer, vereinigt sich, wird zur lodernden Flamme. Da Feuer ein Symbol gleichermaßen für Tatkraft wie geistige Regsamkeit ist, musst du ein dynamischer, unternehmungsfreudiger Mensch sein, dessen Wirken durchdrungen ist von geistiger Weitsicht und Größe. Deinen hohen Ansprüchen, mit denen du um die Durchsetzung deiner Ziele kämpfst, stehen eine einnehmende Herzlichkeit und eine lockere, beinah spielerische Haltung gegenüber. Man könnte meinen, deine Erfolge fielen dir einfach in den Schoß. Aber du bekommst nichts ›gratis‹. Du bist dem Leben und anderen Menschen gegenüber immer hilfsbereit und großzügig, und das gibt dir das Leben zurück. Solltest du dich in diesem Bild nicht wiederfinden und dich vom Leben eher benachteiligt als beschenkt fühlen, führe ich bei dir ein Schattendasein. Du hast mich noch gar nicht richtig entdeckt und kannst mich daher nicht ausleben.
Was dir hilft, mich in Gang zu bringen, ist Bewegung, Tanz, aktiver Sport. Vor allem aber musst du direkter, spontaner und selbstbewusster werden. Du musst dich mit mir in deinem Inneren verbinden – es ist alles da, was du dazu benötigst.«

Mars-Check

Wie gut setzt man sich mit diesem Mars durch? Das bereitet überhaupt keine Probleme.
Wie aggressiv macht dieser Mars? Man lässt sich nicht leicht aus der Ruhe bringen. Ist es aber einmal so weit, dann kracht's.
Wie viel Sexpower bekommt man mit ihm? Starken Partnern schenkt man alles. Schwächlinge schläfern ein.

Mars im Zeichen Jungfrau – Bedacht

Marsstärken Geistig fit, vernünftig, aktiv, arbeitsmotiviert, fleißig
Marsschwächen Zwanghaft, überängstlich

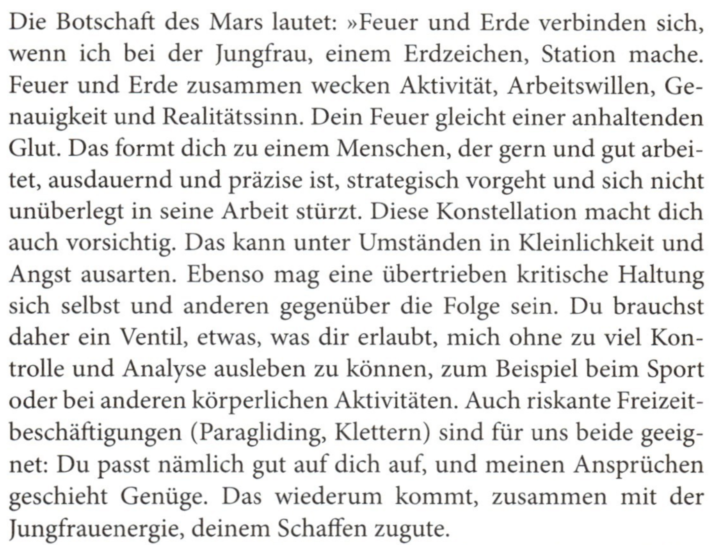

Die Botschaft des Mars lautet: »Feuer und Erde verbinden sich, wenn ich bei der Jungfrau, einem Erdzeichen, Station mache. Feuer und Erde zusammen wecken Aktivität, Arbeitswillen, Genauigkeit und Realitätssinn. Dein Feuer gleicht einer anhaltenden Glut. Das formt dich zu einem Menschen, der gern und gut arbeitet, ausdauernd und präzise ist, strategisch vorgeht und sich nicht unüberlegt in seine Arbeit stürzt. Diese Konstellation macht dich auch vorsichtig. Das kann unter Umständen in Kleinlichkeit und Angst ausarten. Ebenso mag eine übertrieben kritische Haltung sich selbst und anderen gegenüber die Folge sein. Du brauchst daher ein Ventil, etwas, was dir erlaubt, mich ohne zu viel Kontrolle und Analyse ausleben zu können, zum Beispiel beim Sport oder bei anderen körperlichen Aktivitäten. Auch riskante Freizeitbeschäftigungen (Paragliding, Klettern) sind für uns beide geeignet: Du passt nämlich gut auf dich auf, und meinen Ansprüchen geschieht Genüge. Das wiederum kommt, zusammen mit der Jungfrauenergie, deinem Schaffen zugute.
Du solltest auch einen Weg finden, deine Wut und deine Verletzungen besser zu zeigen. Du neigst nämlich dazu, deine Aggressionen zu unterdrücken und irgendwo zu ›bunkern‹ – bis dann das Maß voll ist und du wegen einer Kleinigkeit explodierst.«

Mars-Check

Wie gut setzt man sich mit diesem Mars durch? Das fällt leider nicht leicht.
Wie aggressiv macht dieser Mars? Es dauert eine ganze Weile, bis es zur Explosion kommt.
Wie viel Sexpower bekommt man mit ihm? Man ist weder Hengst noch Schnecke. Auf jeden Fall macht Erfolg sexy.

Mars im Zeichen Waage – Charmant

Marsstärken Lebhaft, gesellig, beliebt, ausgleichend, korrekt
Marsschwächen Ausschweifend, untreu, unmäßig

Die Botschaft des Mars lautet: »In dieser Position vereinigen sich mein Feuer und die Luft der Waage. Davon profitieren beide Elemente, und sie werden aufgewertet. Du bist daher ein leichter, ›luftiger‹ Mensch von sanguinischem Temperament und besitzt die Gabe, andere rasch für dich einzunehmen. Dein Auftreten ist charmant, einfühlsam, zuvorkommend. Ein weiteres Plus dieser Position ist ein guter Geschmack und künstlerisches Talent.
Mit mir im Zeichen Waage wirst du zu einem Streiter für Frieden und Ausgleich. Wo immer Ungerechtigkeiten und Zwietracht herrschen, fühlst du dich aufgerufen, zu schlichten und zu versöhnen. Zuweilen breche ich aber auch bei dir in all meiner Heftigkeit durch, nämlich dann, wenn du zu lange versucht hast, mich zu kontrollieren und zu unterdrücken.
Mit mir kommt auch dein Denken schwer in Gang. Du glaubst, alle Probleme mit dem Kopf lösen zu können. Wichtig ist, dass du dir für ›deinen Mars‹ ein Ventil suchst. Man kann mich nicht zu permanenter Friedfertigkeit verdonnern. Aber wenn du mich anderweitig lebst, beim Sport, bei abenteuerlicher Freizeitgestaltung, dann gelingt es dir besser, mich für deine pazifistischen Missionen einzuspannen.«

Mars-Check

Wie gut setzt man sich mit diesem Mars durch? Als guter Taktiker beißt man sich durch.
Wie aggressiv macht dieser Mars? Der Grundtenor ist friedlich. Gelegentliche Eruptionen sind nicht ausgeschlossen.
Wie viel Sexpower bekommt man mit ihm? Sex ist da. Gesucht aber wird geistiges Verstehen.

Mars im Zeichen Skorpion – Leidenschaftlich

Marsstärken Kraftvoll, ausdauernd, hartnäckig, furchtlos, mutig
Marsschwächen Lasterhaft, rachsüchtig

Die Botschaft des Mars lautet: »Dir steht durch mich eine besondere, eine starke, vitale Kraft zur Seite. Du bist ausgesprochen zäh, wenn es um die Verwirklichung eines Zieles geht, an dem dir auch emotional liegt. Selbst Mühen und Unannehmlichkeiten, mit denen sich andere Menschen nicht belasten würden, nimmst du dann gern in Kauf. Nicht verwunderlich, dass diese Hartnäckigkeit mitunter zu außerordentlichen Leistungen führt! Dennoch bist du kein Kraftprotz, einer, der die Muskeln spielen lässt und bei jeder Gelegenheit zeigen will, was er draufhat.
Der Skorpion ist vom Element her ein Wasserzeichen. Daher ist meine Kraft nicht auf äußere Wirkung aus. Meine Power geht nach innen. Diese Position führt dazu, dass du instinktmäßig weißt, wann dein Einsatz erforderlich ist, wann etwas Bedeutsames und Wichtiges ansteht und erledigt werden muss: Dann wirst du zum ›Helden‹. Daher ist dir zu raten, entsprechende Herausforderungen zu suchen und anzunehmen. Nur dann stehe ich voll auf deiner Seite. Ohne solche Kicks wirst du eher müde und lustlos reagieren. In der Verbindung zwischen Skorpion und mir besteht eine starke Neigung zur Zerstörung. Das ist immer dann gut, wenn etwas alt, verbraucht, überholt und ein neuer Anfang angezeigt ist. Aber hüte dich vor sinnloser Destruktion!
Mit dieser Konstellation verfügst du auch über eine kolossale Sexpower. Du bist leidenschaftlich, triebstark und letztendlich beseelt von der Idee, Nachwuchs in die Welt zu setzen.«

Mars-Check

Wie gut setzt man sich mit diesem Mars durch? Man operiert mit seiner Power indirekt und drückt so seinen Willen durch.
Wie aggressiv macht dieser Mars? Der Zerstörungskraft sind kaum Grenzen gesetzt.
Wie viel Sexpower bekommt man mit ihm? Mehr als alle anderen.

Mars im Zeichen Schütze – Temperamentvoll

Marsstärken Schlagfertig, gerecht, begeisterungsfähig, klar und offen

Marsschwächen Streitbar, aggressiv, beleidigend

Die Botschaft des Mars lautet: »Hier trifft Feuer auf Feuer, denn sowohl ich als auch der Schütze sind ihrer Natur nach feurig. Eine lodernde Flamme entsteht. Und im Zeichen Schütze manifestiere ich mich mit besonderer Intensität. Da Feuer ein Symbol gleichermaßen für Tatkraft wie geistige Regsamkeit ist, wirst du ein dynamischer, unternehmungsfreudiger Mensch, dessen Wirken durchdrungen ist von geistiger Weitsicht und Größe. Dein Handeln und Wirken wird stark von Idealen geleitet: von Gerechtigkeit, Ritterlichkeit und Fairness. Du bist leicht zu begeistern und, einmal in Schwung, kaum zu bremsen. Was du brauchst, ist ein Ziel, eine Hoffnung, eine Perspektive, sonst erlischt dein Feuer.

Allerdings kann es auch sein, dass dein Mars noch ein Schattendasein führt, dass du mich noch gar nicht richtig entdeckt hast. Vielleicht meinst du, keineswegs feurig oder übermäßig aktiv zu sein, sondern erlebst dich eher als passiven Zeitgenossen. Dies hieße dann, dass du einen Teil deines Selbst negierst – und dich auf die Suche nach mir, deinem Mars, begeben solltest.

Was dir hilft, mich zu initiieren, sind Bewegung, Tanz, aktiver Sport und Reisen. Vor allem aber solltest du direkter, spontaner und selbstbewusster werden. Du musst dich mit mir in deinem Inneren verbinden. Es ist alles vorhanden, was du brauchst.«

Mars-Check

Wie gut setzt man sich mit diesem Mars durch? Das klappt gut, solange Fairness herrscht.

Wie aggressiv macht dieser Mars? Zu streiten lohnt sich nur für eine gute Sache.

Wie viel Sexpower bekommt man mit ihm? Mit Sex ist man dem Himmel nah.

Mars im Zeichen Steinbock – Hartnäckig

Marsstärken Verantwortungsvoll, geduldig, zäh, mutig, tatkräftig

Marsschwächen Eigenwillig, missmutig

Die Botschaft des Mars lautet: »Das ist eine Verbindung von Feuer und Erde, da der Steinbock zu den Erdzeichen zählt. Feuer und Erde zusammen wecken Arbeitswillen, Genauigkeit und Realitätssinn. Dein Feuer brennt nicht lichterloh (um sich dann rasch zu verzehren), sondern lang anhaltend wie eine wohlgeschürte Glut. Das macht dich zu einem Menschen, der gern und gut arbeitet, ausdauernd und präzise ist, strategisch vorgeht und sich nicht unüberlegt in seine Arbeit stürzt. Du bist auch extrem widerstandsfähig. Man kann dich mit einem Diamantbohrer vergleichen, der sich in eine Sache unaufhaltsam hineinfrisst. Und du bist erfolgreich. Du verfügst über die entsprechende Motivation und ein Gespür für Machtverhältnisse.

Diese Konstellation bedeutet aber auch, dass ein Wandel vonstattengehen muss. Aus einer impulsiven, feurigen, leicht erregbaren, leidenschaftlichen Energie wird eine kontrollier- und regelbare Kraft, die sich einer höheren Absicht fügt und dem Allgemeinwohl dient. Du darfst allerdings die ursprüngliche Qualität von mir, deinem Mars, nicht vollständig verlieren. Das würde zu Aggressionsstau und unter Umständen sogar zu gesundheitlichen Problemen führen.

Es ist also wichtig, dass du dir für die transformierten Eigenschaften ein Ventil suchst. Wenn du sie anderweitig lebst, beim Sport oder bei abenteuerlicher Freizeitgestaltung, dann gelingt es dir besser, mich für deine höheren Zwecke einzuspannen.«

Mars-Check

Wie gut setzt man sich mit diesem Mars durch? Harte Arbeit führt zum Ziel.

Wie aggressiv macht dieser Mars? Eigentlich ist man friedlich, lässt sich aber ungern provozieren.
Wie viel Sexpower bekommt man mit ihm? Wenn die Verhältnisse stimmen, kommt es zu Gipfelerlebnissen!

Mars im Zeichen Wassermann – Einfallsreich

Marsstärken Aufgeweckt, innovativ, selbständig, schöpferisch
Marsschwächen Prahlerisch, eingebildet

Die Botschaft des Mars lautet: »Es vereinigen sich Feuer (Mars) und Luft (Wassermann). Diese Kombination kommt beiden Elementen zugute und wertet sie auf. Du bist daher ein leichter, ›luftiger‹ Mensch, der über die Gabe verfügt, andere für sich einzunehmen. Dein Auftreten ist charmant, einfühlsam und zuvorkommend. Alltag, graues Einerlei, tägliche Routine sind dir ein Greuel. Du möchtest Neues erschaffen, eingefahrene Gleise verlassen, originell und schöpferisch sein. Freiheit ist für dich überaus wichtig. Du arbeitest besser, wenn dich nicht ständig jemand gängelt. Du bist der geborene ›Freelancer‹. Dein ausgeprägtes Improvisationstalent ermöglicht dir, originelle und unkonventionelle Lösungen zu finden, wenn du nicht durch Vorgaben eingeschränkt wirst. Auch in Beziehungen wird es schnell zu eng. Eine Ehe bereitet dir ebenfalls Probleme; du fühlst dich unfrei, wie ›eingesperrt‹.
Vielleicht aber entspricht diese Charakterisierung nicht deinem Selbstbild: Weder schätzt du dich als unabhängig oder freiheitsliebend noch als übermäßig schöpferisch ein. Dann ist zu vermuten, dass dein Mars noch auf seine Entdeckung wartet. Mach dich auf die Suche!
Was dir hilft, mich zu aktivieren, ist Bewegung, vor allem Tanz. Noch wichtiger aber wird es sein, unkonventioneller und spontaner zu werden. Du musst dich mit mir in deinem Inneren verbinden. Es ist alles da, was du dazu benötigst.«

Mars-Check
Wie gut setzt man sich mit diesem Mars durch? Genialität ist vorhanden, aber nicht unbedingt Durchsetzungskraft.
Wie aggressiv macht dieser Mars? Ein solches Verhalten ist undenkbar.
Wie viel Sexpower bekommt man mit ihm? Sex ist schön, aber längst nicht alles.

Mars im Zeichen Fische – Abwartend

Marsstärken Empfänglich, intuitiv, einfühlsam, kreativ
Marsschwächen Willensschwach, beeinflussbar, leicht zu täuschen

Die Botschaft des Mars lautet: »Mein Feuer und das Wasser der Fische treffen aufeinander. Das kann dazu führen, dass das Feuer zunächst einmal erlischt. Dann bist du ein Mensch, der Schwierigkeiten hat, seinen Willen durchzusetzen, die ›Ellenbogen‹ zu benutzen, sich zu behaupten – denn all dies sind Eigenschaften, die ich, der Planet Mars, verleihe. Gleichzeitig fühlst du dich jedoch innerlich gespannt, spürst Wut, Frustration und Ungenügen, aber du kannst damit nicht richtig herausrücken.
Es gibt allerdings auch die Möglichkeit, diese Qualitäten zu transformieren. Du wirst dann zwar noch lange nicht so direkt und forsch handeln können, wie es die ungebremsten Eigenschaften ermöglichen würden. Dafür gewinnst du eine andere Fähigkeit, nämlich ein kolossales Gespür. Das Fischezeichen ist seinem Wesen nach transparent, es besitzt keine klaren Grenzen, versetzt daher in die Lage, sich universell zu vernetzen. Du hast also eine Art sechsten Sinn, spürst andere Menschen, die sich nicht einmal in der Nähe aufhalten.«

Mars-Check

Wie gut setzt man sich mit diesem Mars durch? Das macht Probleme. Es gelingt nur dann wirklich, wenn man von der Sache hundertprozentig überzeugt ist.

Wie aggressiv macht dieser Mars? Es dauert ewig, bis man aus der Haut fährt.

Wie viel Sexpower bekommt man mit ihm? Sex ist wunderbar, aber er ist nicht alles.

Jupiter – Innerlich und äußerlich reich

Die Bedeutung Jupiters

Nachts, wenn Venus nicht mehr (oder noch nicht) am Himmel leuchtet, ist Jupiter eins der hellsten Gestirne überhaupt. Kein Wunder daher, dass er unseren Vorfahren, die der Nacht in viel umfassenderem Maß ausgeliefert waren als wir heute in unserer künstlich erhellten Zeit, ein Symbol für Hoffnung, Trost, Stimmigkeit und Gerechtigkeit war. Oft verband man ihn mit der obersten Gottheit.

So auch in der griechischen Mythologie, auf die sich die Symbolik der Astrologie entscheidend bezieht. Jupiter heißt bei den Griechen »Zeus«, und über ihn gibt es unzählige Mythen. So war er es, der gegen seinen grausamen Vater Saturn(us) bzw. Kronos, den obersten der Titanen, antrat und ihn besiegte. Saturn hatte nämlich außer Zeus alle seine Nachkommen aufgefressen, weil ihm geweissagt worden war, dass ihn eines seiner Kinder vom Thron stoßen würde. Rheia, Zeus' Mutter, versteckte ihren Sohn vor dem Vater, und die Prophezeiung erfüllte sich: Zeus entthronte ihn und warf ihn in den Tartaros.

Andere Geschichten über Jupiter/Zeus erzählen eher Delikates. So gelüstete es den obersten Gott immer wieder nach weltlichen Frauen, die er durch List dazu brachte, mit ihm zu schlafen und Kinder von ihm zu empfangen. Bei Leda zum Beispiel verwandelte er sich in einen Schwan und zeugte mit ihr Pollux. Auch Herakles und Dionysos entstammten seinem gemeinsamen Lager mit sterblichen Frauen. Gezeugt durch den unsterblichen Jupiter, erlangten seine Kinder ebenfalls das ewige Leben.

Die Position Jupiters im Horoskop verweist daher einerseits auf tiefe Einsichten: Jupiter sorgt dafür, dass einem »ein Licht aufgeht«, man letzten Endes weise wird. Auf der anderen Seite verkörpert er eine Gestalt, der eine unendlich große Liebe zukommt. Sinnbildlich gesprochen, sehnt sich der Mensch danach, sich mit dem göttlichen Jupiter zu vereinigen, um Kinder (symbolisch für Ideen und Taten) zu gebären, die unsterblich sind.

Des Weiteren symbolisiert Jupiter den großen Helfer, Heiler und Versöhner. Dort, wo er im Horoskop steht, findet der Mensch Kräfte, sich und andere zu trösten und zu stärken. Am bekanntesten ist Jupiter in der Astrologie aber deswegen, weil er das Glück verheißt.

♃ Das astrologische Symbol Jupiters besteht aus einem Halbkreis (er repräsentiert seelische Empfänglichkeit) und einem Kreuz, das wieder die Materie symbolisiert. Der Halbkreis neben dem Kreuz bedeutet: Das Seelische und die Materie gelten als gleichwertig, keines überragt das andere.
Wie zuvor bei Aszendent, Mond, Venus und Mars lässt sich die genaue Jupiterposition eines Horoskops mit Hilfe der Website des Autors ermitteln (www.bauer-astro.de).

Der Skorpion und seine Jupiterzeichen

Jupiter im Zeichen Widder – Das Glück der Inspiration

Jupiterstärken Selbstvertrauen, Optimismus
Jupiterschwächen Prahlerei

Die Botschaft Jupiters lautet: »Glück ist für dich die Möglichkeit, deinen Willen und deine Impulse spontan und unmittelbar umzusetzen. Du bist ein Abenteurer, in Wirklichkeit wie im Geiste. Du möchtest wie Kolumbus die Welt entdecken und wie Einstein, Hildegard von Bingen oder Galileo Galilei den Gipfel menschlicher Erkenntnis erreichen. Wenn du dich bewegst, geistig wie körperlich, bist du deinem Schöpfer am nächsten. Stillstand hingegen führt zur Resignation; du fühlst dich fern vom großen Ganzen. Durch deine optimistische und positive Weltauffassung bist du dafür bestimmt, anderen voranzugehen oder ihnen den Weg zu weisen. Es schlummert auch ein Heiler und Prophet in dir, der im Lauf deines Lebens geweckt werden will. Bevor du allerdings selbst ein Heiler sein kannst, brauchst du Persönlichkeiten, die dir auf deinem Weg ein Vorbild sind. Mit der Gabe, andere zu führen, musst du behutsam umgehen. Hüte dich davor, sie zu blenden oder sich über ihr Unwissen zu erheben. Du darfst die Demut nie verlieren, und du darfst nicht vergessen, dass du selbst auch ein Suchender bist.«

Jupiter-Check
Wie wird man mit Jupiters Hilfe innerlich und äußerlich reich? Durch Handeln, Reisen, Unternehmungen, Initiativen.
Wie lässt sich mit diesem Jupiter helfen und heilen? Durch Körpertherapie, Yoga, Sport, Wärme, Motivation anderer, tatkräftiges Unterstützen, Zusprechen von Mut.

Jupiter im Zeichen Stier – Das Glück der Erde

Jupiterstärken Geduld, Großzügigkeit
Jupiterschwächen Bequemlichkeit

Die Botschaft Jupiters lautet: »Dein Glück liegt im ungestörten Genuss. Überfluss und Sicherheit bedeuten für dich die Erfüllung deiner Wünsche. Du bist geduldig. Wie ein Gärtner sorgfältig Samen und Pflanzen hegt, damit sie zur vollen Größe heranwachsen können, so überwachst du dein Hab und Gut, deine Anlagen und Talente und entwickelst sie zur vollen Reife. Der Vergleich mit dem Gärtner ist auch in anderer Hinsicht passend, denn du liebst die Natur. Eine Waldlichtung im Frühling erscheint dir wie ein Dom, und du bist deinem Schöpfer vielleicht näher als in einer Kirche. Die Natur zeigt die Ordnung, Stimmigkeit und Erfüllung. Und die Natur heilt. Sie heilt dich, wenn du erschöpft oder krank bist. Du brauchst dich nur unter einen Baum zu legen, und du fühlst dich sofort besser. In der Natur findest du aber auch die Stoffe, um andere zu heilen. Nahrung, Heilkräuter, homöopathische Essenzen: Alles erhält durch Jupiter eine höhere Potenz, heilt und macht ganz.
Wovor du dich hüten musst, ist, Besitz zu horten. Ein Baum sammelt nicht die Erde, die ihn hält, er benutzt sie, um in den Himmel zu wachsen.«

Jupiter-Check

Wie wird man mit Jupiters Hilfe innerlich und äußerlich reich? Durch Geduld und Nähe zur Erde. Durch materiellen Wohlstand. Durch Liebe und Sinnlichkeit.
Wie lässt sich mit diesem Jupiter helfen und heilen? Mit den Heilkräften der Natur.

Jupiter im Zeichen Zwillinge – Das einfache Glück

Jupiterstärken Begeisterungsfähigkeit
Jupiterschwächen Ruhelosigkeit

Die Botschaft Jupiters lautet: »Dein Glück findest du im Alltäglichen, auf einem Wochenmarkt, im Zug, bei einer Unterhaltung mit Freunden und Bekannten. Aber auch zu Menschen, die du noch nicht kennst, findest du rasch einen Bezug und große Nähe. Dieses ›kleine Glück‹ bedeutet dir mehr, als nach großer und absoluter Erfüllung zu suchen. Du verfügst über eine enorme sprachliche Begabung, kannst gut schreiben, formulieren und sprechen.

Um dich wohl zu fühlen, brauchst du die Geselligkeit, verbalen Austausch und lebendige Kommunikation. Unter Menschen findest du zu dir und fühlst dich aufgehoben. Allein hingegen verlierst du deine innere Sicherheit und den tiefen Glauben, dass alles sinnhaft ist und von einem höheren Willen getragen wird. Daher ist es auch deine Aufgabe, andere miteinander zu verbinden, damit sie sich nicht als isoliert erleben. Der Mensch ist ein soziales Wesen. Er wächst in einer Familie auf, schafft sich später seine eigene Familie, seine Arbeitswelt, seine Freunde. Du bist auf der Welt, um andere aus ihrer Einsamkeit zu befreien, in die sie irrtümlicherweise geraten sind.«

Jupiter-Check

Wie wird man mit Jupiters Hilfe innerlich und äußerlich reich? Im Kleinen, in den Dingen, die sich im Umfeld befinden. Und in der Begegnung mit anderen.

Wie lässt sich mit diesem Jupiter helfen und heilen? Durch gute Worte, aufmunternden Zuspruch, durch Zuhören und Teilnahme. Durch Verbinden und Vernetzen.

Jupiter im Zeichen Krebs – Das Glück der Geborgenheit

Jupiterstärken Suggestivwirkung, Phantasie
Jupiterschwächen Gefühlspathos, Missbrauch

Die Botschaft Jupiters lautet: »Wenn du fühlst, bist du. Man kann dich einen ›Seelentaucher‹ nennen, denn deine liebste Beschäftigung ist es, dich in deine eigene oder die Seele anderer zu vertiefen. Eine gesunde und heile Psyche ist für dich unerlässlich, um zufrieden zu sein. Auch Menschen aus deinem Umfeld wenden sich an dich, weil sie intuitiv spüren, dass du ihnen helfen kannst, ihr Innenleben zu heilen.

In der Familie siehst du den Anfang allen Glücks, aber auch allen Elends. Sosehr du sie schätzt, so fern liegt es dir, nur dein eigenes Nest zu bewundern. Im Gegenteil, fremde Sitten und Gewohnheiten sind dir ebenso wichtig wie die eigenen. Am liebsten würdest du in einer Gemeinschaft leben, die von Menschen unterschiedlichster Herkunft getragen wird.

›Geborgenheit‹ ist für dich kein leeres Wort, sondern ein anderer Ausdruck für ›Erfüllung‹, ›Heimat‹, ›Göttlichkeit‹ und ›Ewigkeit‹. Wie ein Seismograph erspürst du daher Unstimmigkeiten in deinem Umfeld, die disharmonisch sind und den Frieden stören können. Deine großen heilerischen Fähigkeiten ermöglichen es, solche Störungen sichtbar zu machen. Hüten musst du dich aber davor, als Retter aufzutreten. Du bist wahrhaftig, wenn du alles einfach nur geschehen lässt.«

Jupiter-Check

Wie wird man mit Jupiters Hilfe innerlich und äußerlich reich? Im Fühlen, in der Liebe, im Geben, in der Familie, in der Vergangenheit, bei den Ahnen.

Wie lässt sich mit diesem Jupiter helfen und heilen? Durch aufdeckende Gespräche.

Jupiter im Zeichen Löwe – Das Glück der Herzensfreude

Jupiterstärken Herzenswärme, Großmut
Jupiterschwächen Eitelkeit, Dünkel

Die Botschaft Jupiters lautet: »Glück bedeutet für dich, dass du die Möglichkeit hast, spontan und großzügig zu schenken. Äußere Werte sind dir deshalb nicht unwichtig, denn nur wer hat, kann auch geben. Aber du bist absolut kein Materialist, im Gegenteil: Wenn du nach Macht und Einfluss strebst, dann nicht in erster Linie um persönlicher Vorteile willen, sondern weil du überzeugt bist, anderen etwas geben zu können. Du verbreitest Optimismus. Deine Bestimmung ist es, anderen die Freude am Leben zu zeigen. So wie ich, dein Jupiter, einst die Schreckensherrschaft Saturns beendet habe und den Menschen eine gütigere, gerechtere Zeit brachte, so bist du auf der Welt, um Menschen zu erheitern, Sorgen und Kummer zu vertreiben.
Hüten musst du dich vor Stolz und Überheblichkeit. Bleib gütig! Trag das Feuer der Freude unter die Menschen, aber achte darauf, dass du niemanden damit verbrennst!«

Jupiter-Check

Wie wird man mit Jupiters Hilfe innerlich und äußerlich reich? Durch lebendige Teilnahme am Leben, Großzügigkeit und die Kraft des Herzens.
Wie lässt sich mit diesem Jupiter helfen und heilen? Indem man anderen das Leben als nährenden Urgrund zeigt, als göttlichen Spielplatz.

Jupiter im Zeichen Jungfrau – Das Glück der Unschuld

Jupiterstärken Engagement, Bescheidenheit
Jupiterschwächen Zersplitterung

Die Botschaft Jupiters lautet: »Glück ist für dich die einfachste Sache der Welt, es liegt vor der Tür, es braucht nur gefunden und aufgehoben zu werden. Einzige Voraussetzung: Man muss unschuldig sein wie ein Kind. Du bist daher auch kein Freund großangelegter und sich ewig hinziehender Expeditionen auf der Suche nach dem Glück. Entweder es ist hier – oder nirgends.

Insbesondere die Natur ist dir ein genialer Lehrmeister. Die Folge der Jahreszeiten, das Ineinandergreifen von Phasen des Wachstums und der Stagnation: Das alles ist für dich ein Ausdruck göttlicher Ordnung, die sich tagtäglich und jahraus, jahrein wiederholt. Auf besondere Weise faszinieren dich aber auch die Vorgänge im Zusammenhang mit dem menschlichen Körper. Dieses tagtägliche Wunder von Nahrungsaufnahme und Verwandlung in Leben, das Zusammenwirken Tausender Prozesse – all dies sind für dich sinnhafte Beweise göttlichen Wirkens.

Deine Kenntnisse befähigen dich zum Heiler. Schon durch deine Nähe initiierst du bei anderen die Genesung. Wovor du dich hüten musst, ist, dein Wissen zu missbrauchen. Wirke durch gutes Beispiel und nicht durch Besserwisserei!«

Jupiter-Check

Wie wird man mit Jupiters Hilfe innerlich und äußerlich reich? Im alltäglichen Tun, bei der Arbeit, im Gefühl der Ordnung.

Wie lässt sich mit diesem Jupiter helfen und heilen? Durch bewusste Ernährung, das Studium von Körper und Geist und Lernen von der Natur.

Jupiter im Zeichen Waage – Das Glück der Liebe

Jupiterstärken Toleranz, Lebenskunst
Jupiterschwächen Eitelkeit, Genusssucht

Die Botschaft Jupiters lautet: »Glück findest du in der Kraft der Liebe. Du brauchst nicht einmal selbst unmittelbar daran teilzuhaben. Auch wenn andere Menschen sie entdecken, fühlst du dich angenommen, zu Hause, eins mit der Schöpfung. Noch göttlicher ist es natürlich, wenn Amor dich selbst trifft. Auf einer Wolke schwebst du, im Paradies bist du angekommen … Liebe ist deiner Meinung nach Ursprung und Ziel allen Seins. Gott ist die Liebe, und das Leben entspringt aus ihr. Der Liebe gibst du alles. Umgekehrt beschenkt sie dich auch. Du kannst andere tief berühren, trösten, erfreuen und aufbauen.
Auch der Kunst gehört dein Herz. Allerdings zählt für dich nur das dazu, was von Liebe getragen ist und Harmonie und Stimmigkeit ausdrückt. Im Grunde schlummert in dir selbst ein Künstler, der darauf wartet, seine Fähigkeiten zum Fließen bringen zu können. Wovor du dich hüten musst, ist, dich von Liebe und Harmonie einlullen zu lassen. Alles im Leben hat zwei Seiten. Zur Liebe gehört Auseinandersetzung und zur Harmonie Spannung. Nur wenn du das Gleichgewicht zwischen beiden Seiten findest, ist die Liebe vollendet.«

Jupiter-Check

Wie wird man mit Jupiters Hilfe innerlich und äußerlich reich? Indem man verzeiht, liebt, empfangen und geben kann.
Wie lässt sich mit diesem Jupiter helfen und heilen? Allein die Nähe heilt, und Berührungen sind eine Wohltat.

Jupiter im Zeichen Skorpion – Das Glück der Tiefe

Jupiterstärken Tiefgründigkeit, Spiritismus
Jupiterschwächen Exaltiertheit, Despotismus

Die Botschaft Jupiters lautet: »Glück findet sich deiner Meinung nach auf dem Grund aller Dinge, nicht an der Oberfläche. Dieses Wissen habe ich dir verliehen. Du sollst es weiterverbreiten. Was die Welt zusammenhält, ist der ewige Kreislauf von Zeugung, Geburt, Leben und Tod. Alles war schon immer, und alles wird immer sein. Daher musst du dich in besonderer Weise solcher Angelegenheiten annehmen, die ausgegrenzt werden aus dem Ganzen, aber dazugehören. Zum Beispiel ist für dich der Schatten ein notwendiger Teil des Lichts. Du fühlst dich daher veranlasst, dich für Schwächere einzusetzen oder aus der Gesellschaft Ausgeschlossene zu unterstützen. Du weißt instinktiv, dass es dem Leben schadet, wenn nicht alle Seiten integriert werden.
Mein heilendes Jupiterfeuer lodert in dir sehr stark. Wie Pollux einst seinem toten Bruder Castor in die Unterwelt folgte, um ihn zu retten, bist du bereit, die größten Unannehmlichkeiten auf dich zu nehmen, damit das Leben keinen Teil verliert. Du bist daher der geborene Retter und Heiler, gleich, ob du diese Gaben in einem Beruf ausübst oder sie als selbstverständlichen Beitrag in deinen Alltag einbringst. Wovor du dich hüten musst, ist, dem Dunklen und Schatten zu sehr zu verfallen – und das Helle nicht mehr klar zu sehen.«

Jupiter-Check

Wie wird man mit Jupiters Hilfe innerlich und äußerlich reich? Indem man das Offensichtliche hinterfragt, in die Tiefe geht, abwartet und einfach *ist*.
Wie lässt sich mit diesem Jupiter helfen und heilen? Indem man sich derer annimmt, die ein Schattendasein führen.

Jupiter im Zeichen Schütze – Das Glück der Weisheit

Jupiterstärken Idealismus, Glaube, religiöse Erfahrung, Sinnsuche

Jupiterschwächen Schwärmerei, Naivität, Dogmatismus

Die Botschaft Jupiters lautet: »Du bist auf der Welt, um das Glück zu suchen. In dir lebt die Geschichte aller fahrenden Völker fort, der Nomaden und Boten, herumziehenden Bader, Gaukler, Barden und Geschichtenerzähler. Letztlich ist es die Suche nach dem Heiligen Gral, nach Erleuchtung, der blauen Blume, der Quintessenz der Alchemie. Glaube ist für dich Realität, Gott ist nicht irgendwo unerreichbar, sondern überall. Auf dem Weg zu sein ist für dich das Ziel.

So verbreitest du die Wahrheit des Vielen und nicht die des Einen. Deswegen bist du so tröstlich für diese Welt, denn du hast immer noch eine Perspektive, siehst immer noch eine Möglichkeit. Nichts ist für dich aussichtslos: Viele Wege führen nach Rom, und kein Problem ist so groß, dass es nicht doch eine Lösung gäbe.

Das Feuer, das ich, dein Jupiter, dir in die Hände gebe, heißt Weisheit. Wovor du dich allerdings hüten musst, ist, das Kind mit dem Bade auszuschütten. In deinem heilsamen Krieg gegen die Blindheit der Menschen läufst du Gefahr, selbst blind und einseitig zu werden.«

Jupiter-Check

Wie wird man mit Jupiters Hilfe innerlich und äußerlich reich? Durch die Suche nach Sinn und Göttlichkeit.

Wie lässt sich mit diesem Jupiter helfen und heilen? Durch eine Lebensweise, die Hoffnung verbreitet.

Jupiter im Zeichen Steinbock – Das Glück des Erfolgs

Jupiterstärken Führungsqualität, Ausdauer
Jupiterschwächen Lehrmeisterei

Die Botschaft Jupiters lautet: »Glück ist für dich, deine Arbeit getan zu haben und Ruhe und Sammlung dankbar zu genießen. Glück ist für dich aber auch, sich einer Sache vollständig zu verschreiben, ihr zu gehören, bis sie vollbracht ist. Darin gleichst du einem Bergsteiger, der nicht ruht, bevor er auf dem Gipfel steht und nach dem nächsten Ausschau hält. Du bist ein Mensch, der sich selbst antreiben und motivieren kann.
Ich, dein Jupiter, befähige dich auch, zu einem Führer zu werden, einer, der anderen vorausgeht. Um das zu leisten, was dein Karma ist, brauchst du Kraft, Ausdauer und Zähigkeit. Du bist hart zu dir selbst, weil du weißt, dass deine Ziele keine Schonung dulden. Das Gleiche erwartest du allerdings auch von anderen, was manchmal dazu führt, dass diese dich fürchten und dir aus dem Weg gehen. Daher ist es für dich wichtig, zu erkennen, dass nicht alle Menschen aus dem gleichen (harten) Holz geschnitzt sind wie du. Entwickle Geduld, Nachsicht und Toleranz für deine Mitmenschen, und du wirst eines Tages den höchsten Berg bezwingen, nämlich den der Weisheit.«

Jupiter-Check

Wie wird man mit Jupiters Hilfe innerlich und äußerlich reich? Durch Arbeit und Übernahme von Verantwortung, durch Demut.
Wie lässt sich mit diesem Jupiter helfen und heilen? Durch vorbildliches Verhalten, durch richtige Führung.

Jupiter im Zeichen Wassermann – Das Glück des Wandels

Jupiterstärken Humanismus, Toleranz
Jupiterschwächen Autoritätskonflikte

Die Botschaft Jupiters lautet: »Glück ist für dich das Gefühl, vorwärtszuschreiten, nicht stehen zu bleiben und deinen Idealen von einer gerechten, liebevollen Welt näherzukommen. Du unterstellst dich selbst dem Fortschritt, arbeitest und, wenn es nötig ist, kämpfst für ihn. Es geht dir nicht um deine eigene Zukunft. Du bist ein Philanthrop, ein Menschenfreund, der an das Gute glaubt. Dabei unterstützt du Eigenverantwortung und Autonomie. Hilfe zur Selbsthilfe, so lautet dein Programm. Es fällt dir schwer, dich in eine Hierarchie einzuordnen. Ungleichheit zwischen den Menschen ist für dich ein Greuel. Die Kraft deines Glaubens an eine positive Zukunft macht dich für diesen Planeten so wichtig. Denn deinen Visionen ist es zu verdanken, dass die Welt nicht stehen bleibt, sondern sich immer weiterentwickelt.
Wovor du dich in Acht nehmen musst, ist, das Alte nicht völlig zu verwerfen. Du beraubst dich sonst deiner eigenen Wurzeln. Dann aber wird auch der Fortschritt illusorisch.«

Jupiter-Check

Wie wird man mit Jupiters Hilfe innerlich und äußerlich reich? Durch Arbeit für eine bessere Zukunft.
Wie lässt sich mit diesem Jupiter helfen und heilen? Durch Vermittlung neuer Perspektiven, durch solidarische Unterstützung und Veränderung.

Jupiter im Zeichen Fische – Das Glück des Seins

Jupiterstärken Liebe, Mitgefühl, Intuition

Jupiterschwächen Helfersyndrom

Die Botschaft Jupiters lautet: »Glück bedeutet für dich, eins zu sein mit der Schöpfung – ähnlich einem Tropfen, der ins Meer fällt und eins wird mit dem Ganzen. Dein Leben richtet sich nach dem Ideal der Selbstlosigkeit und dem Zurückstellen eigener Bedürfnisse hinter das Wohlergehen des größeren Ganzen. Soziales Engagement ist für dich kein politisches Schlagwort, sondern selbstverständliche Lebensqualität. Du bist sensibel, empörst dich über Ungerechtigkeit und Lieblosigkeit. Ich, dein Jupiter, verleihe dir eine besondere Magie, die Leid und Traurigkeit auflösen kann. Du tust aber gut daran, diese Fähigkeit weiterzuentwickeln, indem du zum Beispiel Heilpraktiker wirst oder dich mit Themen beschäftigst, die deine Anlagen fördern.
Da du dich oft an großen Idealen orientierst, macht dir der Umgang mit der unmittelbaren, konkreten Wirklichkeit mitunter Mühe. Des Weiteren ist es wichtig, dass du dich als Helfer nicht ausnutzen lässt. Du musst lernen, dich abzugrenzen.«

Jupiter-Check

Wie wird man mit Jupiters Hilfe innerlich und äußerlich reich? Durch Hingabe an das, was ist, durch Liebe des Ganzen.
Wie lässt sich mit diesem Jupiter helfen und heilen? Es sind große heilerische Fähigkeiten vorhanden, die aber gefördert werden sollen.

Saturn – Zum Diamanten werden

Die Bedeutung Saturns

Früher galt Saturn in der Astrologie weithin als Übeltäter, als Verkörperung des Schlechten und Bösen. Er scheint es darauf abgesehen zu haben, uns das Leben so schwer wie irgend möglich zu machen. Wie der Drache im Märchen verkörpert er Gefahr, Schrecken, ja zuweilen sogar den Tod. Daher finden sich alte Darstellungen, auf denen Saturn häufig als Knochengerüst mit Sense zu sehen ist, das alles erbarmungslos niedermäht. Saturn kennt kein Mitleid, keine Gnade. Er wirft den Menschen ihr Schicksal vor die Füße – und es bleibt nichts anderes, als es zu nehmen und zu tragen.

Heutzutage wird seine Wirkung positiver gesehen: Wenn Saturn einen noch so sehr plagt, schikaniert, an den Abgrund heranführt, dann hilft er ebenso, sich gegen die Unbilden des Schicksals zu wappnen. Er »schmiedet« den Menschen, macht ihn hart, widerstandsfähig und ausdauernd. Wer immer etwas Großes erreicht in seinem Leben, der schafft es mit Hilfe Saturns und seiner (oft) grausamen Wechselbäder. Da, wo im Horoskop der Planet Saturn steht, muss der Mensch also lernen, in die Schule gehen, dort wird er gestreckt und zusammengeschoben, kritisiert und tyrannisiert, trainiert und behindert – bis er nahezu Perfektion erlangt: Vollkommenheit und Reinheit. Vom Rohling zum Diamanten, so lässt sich das Wirken Saturns zusammenfassen.

Und dennoch geht es dabei keineswegs ausschließlich um Härte, Ausdauer, Übung, Verzicht und unermüdliches Arbeiten an sich selbst. Der Weg zur Vollkommenheit führt unmittelbar am Fluss der Gnade entlang. Saturn ist kein kalter, gemeiner, fordernder Feind, dem gegenüber es sich zu wappnen und zu rüsten gilt. Er verlangt, nein, er verdient Ehrfurcht, Demut, Liebe.

♄ Das astrologische Symbol besteht aus einem Halbkreis, der dem Kreuz untergeordnet ist. Es drückt aus, dass das Seelische (Halbkreis) unter dem Materiellen (Kreuz) steht, ihm untergeordnet ist.
Auf den folgenden Seiten finden sich die zentralen Eigenschaften der Saturnposition in einem Horoskop. Bei der individuellen Anwendung ist einmal mehr zu berücksichtigen, dass diese Stellung stets auch durch Verbindungen mit den übrigen Gestirnen eine andere Färbung bekommen und im Einzelfall auch einmal stark von den hier genannten Deutungen abweichen kann.
Ihre exakte Saturnposition können Sie wieder über die Homepage des Autors herunterladen (www.bauer-astro.de).

Der Skorpion und seine Saturnzeichen

Saturn im Zeichen Widder – Über die Kraft herrschen

Saturnstärken Ehrgeizig, machtvoll, führungsbegabt, durchsetzungsstark, edel
Saturnschwächen Rechthaberisch, sarkastisch, bösartig, bissig, gemein

Die Botschaft Saturns lautet: »In deinem Leben geht es darum, deine Wildheit zu bändigen, deine Emotionen zu zügeln und deinen persönlichen Willen einem höheren Ziel, einer Idee mit allgemeinem Wert unterzuordnen. Stell dir mich, Saturn, als ›Pferdeflüsterer‹ und das Widderzeichen als ein wildes Pferd vor, aus dem ein edles Ross werden soll, das dem Reiter seine feurige Energie voll und gern zur Verfügung stellt.
Viele Menschen mit dem Saturn im Zeichen Widder tendieren allerdings dazu, ihre Wildheit zu brechen, sie zu unterdrücken. Sie verdrängen und vergessen sie und sind schließlich im Besitz eines, um es salopp auszudrücken, alten Kleppers. Damit du nicht in diesen Zustand gerätst, bedarf es großer Geduld und harter Arbeit an dir selbst. Du musst die Auseinandersetzung mit dem Leben als Läuterungsprozess begreifen und Kritik nicht als Verhinderung oder Bösartigkeit des Schicksals, sondern als einen Wink Saturns nehmen. Wichtig ist auch, dass du deine Emotionen, Wünsche und Sehnsüchte hinterfragst und diesem Prozess der Katharsis unterordnest.«

Saturn-Check
Wo muss man sich diesem Saturn beugen? Man muss sein Feuer zähmen und sich in Geduld üben.
Welche Mittel und Methoden wendet Saturn an? Vollkommenheit soll erreicht werden durch Verhinderung, Kritik und Strafe.
Worauf muss man achten? Nicht zu streng und rechthaberisch zu werden.

Saturn im Zeichen Stier – Über die Lust herrschen

Saturnstärken Beharrlichkeit, Festigkeit, Standhaftigkeit, Sparsamkeit

Saturnschwächen Geiz, Gefühllosigkeit, Sturheit, Gier, Neid, Existenzangst

Die Botschaft Saturns lautet: »Du musst deine Lust und deine Gier kontrollieren. Denn du neigst dazu, dass du mehr und härter arbeitest, als dir guttut, dass du nervös und gestresst bist und schließlich arbeitsunfähig wirst. Überdies tendierst du dazu, dein Geld in Geschäften anzulegen, die du nicht übersiehst, und am Ende ergeht es dir wie ›Hans im Glück‹: Du besitzt gar nichts mehr. Du läufst also Gefahr, über deine Verhältnisse zu leben, und das von Kindesbeinen an.
Dramatische Auseinandersetzungen mit Eltern und anderen Erwachsenen sind die Folge, wobei in deinen Augen zunächst immer die anderen die ›bösen, versagenden und missgünstigen‹ Menschen sind. Aber es ist mein Einfluss, der dir das Leben schwermacht. Ich, Saturn, verlange Verzicht – und das gerade dort, wo du am meisten Spaß hast. Das ist ein harter, mühsamer, frustrierender Weg. Auf diese Weise entwickelst du jedoch eine besonders feine Sinnlichkeit, wirst zum Genießer der kleinen Dinge und der wirklichen Köstlichkeiten des Lebens.«

Saturn-Check

Wo muss man sich diesem Saturn beugen? Seiner Lust und seinen Wünschen nicht nachgeben, Vorsicht beim Streben nach materiellen Werten.
Welche Mittel und Methoden wendet Saturn an? Der Weg führt durch Leid, Schmerzen, Versagung und Verhinderung, unter Umständen auch durch Krankheit.
Worauf muss man achten? Sich nicht kasteien und sich und den anderen so die Lust am Leben nehmen.

Saturn im Zeichen Zwillinge – Über die Leichtfertigkeit herrschen

Saturnstärken Klarheit, Überblick, das Wesentliche erkennen, literarisches Geschick, geistige Wendigkeit
Saturnschwächen Die Wahrheit verdrehen, Unsicherheit, Besserwisserei, Charakterschwäche

Die Botschaft Saturns lautet: »Deine Aufgabe ist es, dich im Leben nicht zu verzetteln, die Wahrheit zu finden und nicht ihren Schein, Wissen zu erwerben, das wirklich nützlich ist. Du gehst dein Lebtag lang in eine Schule, in der du lernst, stetig besser zu werden, immer mehr Kenntnisse zu erwerben. Aber dieses ›Besser‹ und dieses ›Mehr‹ sind nicht einfach quantitativ gemeint. Es geht um einen großen Reifungsprozess.
Was ist der Grund, dich dermaßen streng zu disziplinieren? In deiner Persönlichkeit findet sich ein unglaublich leichtfertiger Anteil. Aus der Sicht des (Über)lebens heraus braucht es daher eine andere, eben die saturnische Kraft, damit du dir nicht aus dieser Gedankenlosigkeit heraus selbst schadest. In deiner Tiefenpsyche herrscht also ein berechtigter Zweifel an deinen Kontrollfunktionen. Das ist der Grund für die Strenge Saturns. Wenn du mit mir, dem Zwillingesaturn, behutsam und richtig umgehst, dann ›schleifst‹ du dich selbst, wirst nicht überheblich, sondern orientierst dich an anderen und suchst dir Lehrer und Meister, die dir helfen, vollkommener zu werden.
Worauf du noch achten musst: Mit dieser Saturnstellung neigt man zu einsamen Entschlüssen. Sozusagen als Gegenreaktion auf die Leichtfertigkeit wird man zum Dogmatiker und Besserwisser, zu einem, der alles mit dem Kopf checkt. Eine solche Haltung entspricht nicht meinem Wunsch.«

Saturn-Check

Wo muss man sich diesem Saturn beugen? Lernen, Kritik konstruktiv zu nehmen. Man muss über sämtliche Konsequenzen seines Verhaltens Bescheid wissen.

Welche Mittel und Methoden wendet Saturn an? Mit Verhinderung, Misserfolg und Demütigung muss man rechnen.
Worauf muss man achten? Nicht dogmatisch und überheblich zu werden. Auch vor allzu großer Strenge muss man sich hüten.

Saturn im Zeichen Krebs – Über die Gefühle herrschen

Saturnstärken Selbstbeherrschung, seine Gefühle im Griff haben, zum Kern vordringen, Distanz, Wahrhaftigkeit, Zuverlässigkeit
Saturnschwächen Gefühlskälte, Rückzug, Misstrauen, Pessimismus

Die Botschaft Saturns lautet: »Aus einem Wesen, das seinen Instinkten, seinem ›Bauch‹ folgt, soll ein Mensch werden, der sein Leben nach Einsicht, Wahrheit und höherem Wissen steuert. Der Weg ist überaus schwierig und schmerzlich. Saturn hat dir nämlich Angst vor dem Glück und sogar vor der Liebe eingepflanzt. Als wäre es für dich verboten, Zufriedenheit zu kosten, als müsstest du immer wieder die Erfahrung machen, dass das Leben bitter ist.
Woher kommen diese Ängste? Deine Psyche ist geprägt von traumatischen Erfahrungen. Es kann sein, dass sie aus früheren Leben stammen. Es ist aber genauso möglich, dass du mit bestimmten existenziellen Erfahrungen deiner Ahnen verbunden bist. Jedenfalls lebt in dir die Angst fort, deine Gefühle könnten missbraucht werden, so wie es schon einmal geschehen ist. Deswegen misstraue ich, Saturn im Zeichen Krebs, grundsätzlich allen Empfindungen. Es ist reiner Schutz. Du sollst über die Gefühle hinauswachsen, unabhängig und frei von ihnen werden.
Aber du darfst mich auch nicht zum Alleinherrscher über dein Leben erheben und grundsätzlich vor allen Regungen davonlaufen. Du sollst klüger, erfahrener ins Leben treten, damit dir nichts Schlechtes widerfährt. Ziel deines Daseins ist es, deine Vergangenheit zu überwinden, nicht vor ihr zu kapitulieren. Stell dich

deinen Gefühlen! Du bist kein Kind mehr, das man verletzen kann. Du bist eine erwachsene, starke Persönlichkeit!«

Saturn-Check

Wo muss man sich diesem Saturn beugen? Der Weg führt durch Leid, Schmerzen, Versagung und Verhinderung, unter Umständen auch durch Krankheit.
Welche Mittel und Methoden wendet Saturn an? Angst, Schmerzen, Versagung und Leid.
Worauf muss man achten? Das »Kind nicht mit dem Bad auszuschütten« sowie Gefühle zu missachten und zu unterdrücken.

Saturn im Zeichen Löwe – Über das Ego herrschen

Saturnstärken Selbstbeherrscht, erhaben, edel, vollendet
Saturnschwächen Arrogant, selbstherrlich

Die Botschaft Saturns lautet: »Du bist dafür bestimmt, das Höchste anzustreben – und musst doch immer wieder die Erfahrung machen, ganz unten zu sein. Durch mich, Saturn im Zeichen Löwe, werden Menschen geschmiedet, die Ruhm und Ehre erwerben, Meister und Führungspersönlichkeiten. Aber der Weg dorthin ist beschwerlich. Du wirst viel erdulden, durchmachen und verstehen müssen. Das Leben pendelt zwischen Macht und Ohnmacht, zwischen Stolz und Scham hin und her. Allmählich entwickelst du vielleicht Angst vor Macht, Verantwortung und Erfolg – und wirst doch davon auch angezogen.
Diese Saturnposition kann mit der Zeit zu Unlust dem Leben gegenüber führen. Dagegen musst du dann selbst ›zu Felde ziehen‹. Zuvor aber brauchst du die Einsicht, was ich eigentlich bezwecken möchte. Bedenke, dass diese Stellung die Folge von Machtmissbrauch ist. Vielleicht hast du in einem früheren Leben versagt, die Verantwortung nicht übernommen. Vielleicht trägst du aber auch an einer Schuld der eigenen Ahnen.

Saturn im Zeichen Löwe ›erzieht‹ dich dazu, dein Wirken, dein Verhalten und Sein zu überdenken und hinsichtlich sämtlicher Konsequenzen zu verantworten. Dazu gehört im Besonderen das Verhalten als Vater bzw. Mutter den eigenen Kindern gegenüber. Du musst die Verantwortung selbst dann übernehmen, wenn du nach gängiger Meinung davon freigesprochen wirst, wie zum Beispiel bei einer Krankheit oder einem Unfall.«

Saturn-Check
Wo muss man sich diesem Saturn beugen? Lernen, Verantwortung zu übernehmen.
Welche Mittel und Methoden wendet Saturn an? Man wird behindert, gedemütigt, kritisiert.
Worauf muss man achten? Nicht zu einem lust- und lebensfeindlichen Menschen zu werden.

Saturn im Zeichen Jungfrau – Über den Körper herrschen

Saturnstärken Treue, Anhänglichkeit, Arbeitseifer, Selbstkontrolle, Genügsamkeit
Saturnschwächen Ernst, Pedanterie, Kritiksucht

Die Botschaft Saturns lautet: »Bei dir trifft Kontrolle auf Kontrolle. Denn allein das Zeichen Jungfrau bedeutet, dass man seine Gefühle, seine Triebe, seinen Sex, seinen gesamten Körper im Griff hat. Wenn dann ich, Saturn, noch hinzukomme, verdoppelt sich die vorsichtige und kritische Einstellung. Bei dermaßen viel Skepsis muss in der Vergangenheit (in einem früheren Leben, in der eigenen Ahnenreihe) etwas geschehen sein, was große Angst hervorgerufen hat: Angst vor Sexualität und dem damit verbundenen Akt der Zeugung, Angst vor Schwangerschaft und Geburt. Saturn in der Jungfrau verweist auf ein ›Versagen‹ in diesem Bereich: Vielleicht musste eine Schwangerschaft abgebrochen werden, möglicherweise kam ein Kind tot zur Welt, oder beide, Mutter und Kind, starben.

Durch meine Position wird jetzt ein Riegel vor Sex und Zeugung geschoben, werden die Gefühle blockiert, die Lust verringert, wird versucht, aus dem ›Tiermenschen‹ mit seiner Abhängigkeit von Lust und Trieben einen Homo sapiens im wahrsten Sinne des Wortes, einen ›weisen‹ Menschen zu machen. Ich, Saturn, verhindere also und wecke zugleich die Sehnsucht, das Körperhafte des Lebens zu transformieren, ein Wesen zu sein, dessen Energie nicht aus den Lenden, sondern aus dem Geist kommt. Das heißt beileibe nicht, dass du dich in ein Kloster zurückziehen sollst. Aber du musst dich mit diesem Thema auseinandersetzen. Das bleibt niemandem erspart, dessen Saturn im Zeichen Jungfrau steht.«

Saturn-Check

Wo muss man sich diesem Saturn beugen? Man muss seine Lust kontrollieren.

Welche Mittel und Methoden wendet Saturn an? Versagen, Enttäuschung, Krankheit, darauf muss man gefasst sein. Einsicht ist Bedingung.

Worauf muss man achten? Seine Lust nicht vollständig zu unterdrücken. Lustfeindlichkeit ist nicht das Ziel.

Saturn im Zeichen Waage – Über die Liebe herrschen

Saturnstärken Gerechtigkeitssinn, Ausgewogenheit, wahrhaftig lieben können

Saturnschwächen Disharmonie, Unzufriedenheit, Gefühlskälte, Einsamkeit

Die Botschaft Saturns lautet: »Meine Position bedeutet die Aufforderung, nach der ›richtigen, wahren‹ Liebe zu suchen. Ihr muss dein ganzes Sehnen und Streben gelten. Um sie zu finden, wirst du jede Menge Enttäuschungen zu verkraften haben. Denn was du für Liebe hältst – den Rausch der Sinne, überwältigende Gefühle, Herz und Schmerz –, hat vor mir, deinem Saturn, keinen Bestand. In meinen Augen heißt Liebe, dass sich Ich und Du, der eine und der andere, gleichwertig gegenübertreten. Niemand ist kleiner oder größer, gescheiter oder dümmer, wichtiger oder unbedeutender, reifer oder naiver. Das klingt einfach und ganz selbstverständlich, ist es aber nicht. Menschen haben von Natur aus das Bestreben, sich selbst zu verwirklichen, andere hingegen (und dazu zählen auch Partner) hintanzustellen. Darüber hinaus bestehe ich auf Zuverlässigkeit. Vor mir zählt noch das ›eherne‹ Gesetz ›… bis dass der Tod euch scheidet‹. Es sind gravierende Dinge geschehen (in einem früheren Leben, in der Ahnenreihe), deshalb wache ich, Saturn, jetzt persönlich über die Liebe. Es kam zu unwürdigem Verhalten. Jemand wurde im Stich gelassen. Die Liebe wurde verraten. Herzen wurden gebrochen … Jetzt ›zahlst‹ du dafür. Aber es ist keine Rache oder Strafe. Ich, Saturn, mache mich stark, damit du derlei Fehlverhalten vermeidest. Ich bringe dich auf den Weg.«

Saturn-Check
Wo muss man sich diesem Saturn beugen? Man muss lernen, verbindlich zu sein.
Welche Mittel und Methoden wendet Saturn an? Falsche Liebe, Liebeskummer und Alleinsein drohen.
Worauf muss man achten? Die Liebe nicht restlos zu »vergessen«.

Saturn im Zeichen Skorpion – Über die Vergänglichkeit herrschen

Saturnstärken Tiefe, Zugehörigkeit, Willenskraft, Verbundenheit mit den Ahnen
Saturnschwächen Engstirnigkeit, Fanatismus

Die Botschaft Saturns lautet: »Meine Position verweist auf tragische, leidvolle Erfahrungen. Könntest du dein Leben bzw. das deiner Familie rückwärts abspulen, würden rasch Szenen auftauchen, in denen jemand auf der Flucht, vertrieben, ohne Heimat, ohne Zugehörigkeit ist. Diese Themen beherrschen deine Ahnenreihe weit über deine Großeltern hinaus. Man hat keine richtigen Wur-

zeln, kein Erbe, das man übernehmen, keine Fußstapfen, in die man treten kann. Wenn man zurückschaut, finden sich Leben ohne Glanz, ohne Würde, ohne Höhepunkt. Daher dränge ich, Saturn, dich mit aller Macht dazu, deinem Leben einen Wert zu verleihen. Denn das Gefühl, dass die eigenen Ahnen ein würdeloses Dasein fristen mussten, formt sich in den Seelen der Nachkommen zu einem großen, mächtigen Anspruch, es besser zu machen, den Gipfel zu ersteigen.
Ich, Saturn im Zeichen Skorpion, veranlasse dich, die dünnen Fäden aus deiner Vergangenheit aufzuspüren und im Lauf deines Lebens ein Netz daraus zu knüpfen – um so wieder einen Halt zu finden. In der Weise, wie du dich umdrehst und vor der Vergangenheit verneigst, bekommst du eine Verbindung zu deinen Vorfahren sowie der eigenen Vergangenheit und erhältst Kraft und Wissen. Das ist der ›Dank der Ahnen‹. Wenn du dich ihrer annimmst, erfährst du ihren Schutz und bist nie mehr allein im Leben. Hinter dir steht die Kraft der Vergangenheit.«

Saturn-Check
Wo muss man sich diesem Saturn beugen? Sich vor der Vergangenheit verbeugen.
Welche Mittel und Methoden wendet Saturn an? Man muss hohe Ansprüche an sich selbst und sein Leben stellen.
Worauf muss man achten? Nicht in der Vergangenheit zu »ertrinken«, Gegenwart und Zukunft nicht aus den Augen zu verlieren.

Saturn im Zeichen Schütze – Über Wahrheit und Wissen herrschen

Saturnstärken Pioniergeist, Mut, Weisheit, Stärke, Wahrhaftigkeit

Saturnschwächen Dünkel, Zynismus, Grausamkeit

Die Botschaft Saturns lautet: »Dein Leben ist eine Reise zu dir selbst. Du musst dir deinen eigenen Weg suchen! Lass dich nicht von anderen beeinflussen. Hör nur auf dich! Diese starke Hinwendung zu dir selbst ist verbunden mit einer Abkehr von deinem Umfeld und beruht auf einer Reihe großer Enttäuschungen in der Vergangenheit (der eigenen bzw. der Ahnen), bei denen der Glauben an andere Menschen verlorengegangen ist: Vielleicht hat ein Arzt versagt, es ist ihm ein Fehler unterlaufen, oder er hat sich zu wenig Mühe gegeben. Vielleicht wurdest du oder jemand aus deiner Familie in seinem Glauben zutiefst erschüttert, weil ›Gott‹ ein schreckliches Geschehen zuließ, einem nicht beistand. Es gehört auch zur Vergangenheit von Menschen mit dieser Saturnposition, dass sie – um zu überleben – ihrem Glauben abschwören mussten. Jedenfalls bestand am Anfang eine große Hoffnung, die schließlich in eine große Enttäuschung mündete.
Mit mir, Saturn im Zeichen Schütze, hast du einen Vertrauten an deiner Seite, einen, der hilft, derartige Enttäuschungen zu vermeiden. Mit mir bist du von vornherein skeptisch. Du kommst bereits mit Misstrauen auf die Welt, und im Lauf der Jahre gewöhnst du dich immer stärker daran, alles in Frage zu stellen. Du wirst ein Mensch, der zwischen Illusion und Wahrheit genau unterscheiden kann. Du wirst weise.«

Saturn-Check

Wo muss man sich diesem Saturn beugen? Er verlangt Selbstvertrauen.
Welche Mittel und Methoden wendet Saturn an? Er führt einen durch Enttäuschungen, Fehlschläge und Irrwege.

Worauf muss man achten? Kein grundsätzliches Misstrauen zu entwickeln, nicht gänzlich an der Welt zu verzweifeln.

Saturn im Zeichen Steinbock – Über sich und andere herrschen

Saturnstärken Klarheit, Standhaftigkeit, Verantwortlichkeit, Führungskompetenz, Selbstbeherrschung
Saturnschwächen Kälte, Rücksichtslosigkeit, Einsamkeit

Die Botschaft Saturns lautet: »Du besitzt einen besonders mächtigen Saturn. Das kommt daher, dass ich der regierende Planet des Tierkreiszeichens Steinbock bin. Ich bin hier zu Hause und kann mich gut entfalten. Meine Kraft verdoppelt sich im Steinbockzeichen. Auf der einen Seite führt dies dazu, dass du kontinuierlich an einer Lebensaufgabe arbeitest. Sie lautet: Du sollst etwas Großes vollbringen!
Auf der anderen Seite führt diese doppelte Saturnkontrolle dazu, sich selbst und vor allem seinen Gefühlen zu misstrauen.
Dies hat seine Wurzeln in der Vergangenheit (in einem früheren Leben, im Leben der Ahnen), in der du bzw. deine Vorfahren ausgenutzt, manipuliert oder sogar missbraucht wurden. Zu denken ist auch an eine Verführung oder einen gewalttätigen Missbrauch von Kindern, wohl die verwerflichste Untat. Irgendetwas in dieser Art muss die Ursache dafür sein, dass du dir heute selbst nicht mehr vertraust. Für dich sind Menschen gefährlich, unberechenbar, zu allem fähig.
In der Weise, wie du älter wirst und erfährst, dass das Leben, du und die anderen berechenbar sind, wirst du neues Vertrauen schöpfen. Du wirst neue Gefühle entdecken, solche, die weniger aus dem Bauch, sondern aus dem Herzen kommen. Du wirst lieben, mit anderen Menschen zusammen sein, aber auch allein sein können. Du wirst unabhängig, selbständig, und dein Leben wird getragen von Stimmigkeit und Zufriedenheit. Jetzt obliegt dir auch, andere zu führen. Denn du wirst sie nicht ›verkrüppeln‹ und ›züchtigen‹, sondern zu Weisheit und Liebe führen.«

Saturn-Check

Wo muss man sich diesem Saturn beugen? Man muss lernen, Herr seiner selbst zu sein.

Welche Mittel und Methoden wendet Saturn an? Angst, Vorsicht, Enttäuschung.

Worauf muss man achten? Kein Einsiedler und kein Menschenfeind zu werden.

Saturn im Zeichen Wassermann – Über das Chaos herrschen

Saturnstärken Individualität, Erfindungsgabe, Menschlichkeit

Saturnschwächen Chaotisch, verwirrt und verrückt sein, Hochstapelei

Die Botschaft Saturns lautet: »Du suchst etwas besonders Wertvolles im Leben, nämlich Individualität. Einzigartigkeit ist kostbar. Zwar sagt man leicht dahin, jemand sei ein Individuum. Aber das ist hier nicht im formellen Sinn gemeint. Ein wirkliches Individuum besitzt einen eigenen Charakter, etwas Besonderes und Einmaliges. Dadurch unterscheidet sich der Einzelne von allen anderen Menschen, vergleichbar einem als Solitär dastehenden Baum in einer Landschaft. Dieser Wunsch nach Einmaligkeit ist uralt. Du trägst ihn schon lange mit dir herum (viele Leben, durch Generationen hindurch). Du bist aus der Gesellschaft ausgebrochen, hast deine Familie verlassen – immer auf der Suche nach Freiheit, nach Individualität. Du hast Menschen mit anderem Glauben, aus anderen Ländern und aus anderen sozialen Schichten geliebt. Kinder kamen, noch bevor ein längeres Zusammenleben überhaupt zur Diskussion stand. Du selbst entstammst letztlich einer derartigen ›Augenblicksverbindung‹. Du verdankst dein Dasein einem sogenannten Zufall, einer Laune des Schicksals sowie der Spontaneität und Freiheit deiner Vergangenheit.

Aber du warst auch blind und unwissend und erlebtest daher grandiose Irrungen und Verwirrungen. Du erlittest die große

Angst vor dem Chaos, vor einem Sein ohne Ordnung und Sicherheit. Du wurdest ausgestoßen und verbannt, verjagt und geächtet. Jetzt begleitet dich Saturn. Mit mir wirst du dein freies Leben fortführen und dich dabei immer sicherer am Chaos vorbeimanövrieren.«

Saturn-Check

Wo muss man sich diesem Saturn beugen? Man muss lernen, seine Individualität zu leben, ohne im Chaos unterzugehen.
Welche Mittel und Methoden wendet Saturn an? Reinfall, Bruchlandung und Fehlentscheidung.
Worauf muss man achten? Dass man den Kontakt zu anderen Menschen nicht verliert.

Saturn im Zeichen Fische – Sein Mitgefühl beherrschen

Saturnstärken Toleranz, Opferbereitschaft, Weitblick, Visionen
Saturnschwächen Ich-Schwäche, Isolation, Selbstzweifel

Die Botschaft Saturns lautet: »Wie im Märchen wird dir aufgetragen, dich auf eine Reise zu begeben. Wohin? Vielleicht zum Ende des goldenen Regenbogens. Ans Ende der Welt. Oder nirgendwohin. Mit mir, Saturn im Zeichen Fische, ist dir ein Geheimnis in die Wiege gelegt. Aber mehr weiß man nicht. Das Geheimnis hat damit zu tun, dass in deiner Vergangenheit (in einem früheren Leben, in deiner Ahnenreihe) jemand verschwiegen wurde: ein Kind, eine andere Frau, der richtige Vater … Dieses verleugnete, verheimlichte Leben fehlt jetzt deiner Seele, und sie sucht danach, ohne dass du es selbst bewusst wahrnimmst.
Dir ist infolgedessen ein besonderes ›Organ‹ für Unrecht und Lüge gegeben. Wo immer in dieser Welt Unrecht geschieht, leidest du mit. Jedes Leid ziehst du regelrecht an. Aber das hat auch fatale Folgen für die Liebe. Du neigst dazu, dir einen Partner zu suchen, der ganz besonders der Zuwendung bedarf, weil er unglücklich

ist. Dann kannst du ihm – so meinst du zumindest – all das angedeihen lassen, was in der Vergangenheit nicht geschehen ist: grenzenlose Liebe. Du nimmst ihn an. Du bist für ihn da. Du verstößt ihn nicht.
Aber das ist der falsche Weg. Du musst mit der Vergangenheit fertigwerden und sie nicht ständig vor dir hertragen. So wiederholst du nur dein Karma. Du brauchst nicht aufzuhören, andere zu lieben. Aber du darfst das rechte Maß nicht aus den Augen verlieren.«

Saturn-Check
Wo muss man sich diesem Saturn beugen? Man muss sich mit seiner Vergangenheit auseinandersetzen.
Welche Mittel und Methoden wendet Saturn an? Desillusionierung und Enttäuschung.
Worauf muss man achten? Die Vergangenheit nicht endlos zu wiederholen.

Zum Schluss

Seit nunmehr über dreißig Jahren beschäftige ich mich mit Astrologie. In dieser Zeit entstanden über sechzig Bücher zu diesem Thema. In zahlreichen Journalen und Zeitungen finden sich regelmäßig wöchentliche, teilweise sogar tägliche astrologische Beiträge von mir. In Einzelsitzungen, Seminaren, Aus- oder Weiterbildungen bin ich in meiner Tätigkeit als Astrologe einigen tausend Menschen begegnet.

Bei der ausgiebigen und intensiven Beschäftigung mit der Astrologie war mir immer daran gelegen, mich diesem geheimnisvollen »Kult« auf verschiedenen Ebenen zu nähern: auf einer leichten, unterhaltsamen in manchen journalistischen Beiträgen und auf einer ernsthaften, in die Tiefe führenden in meinen Büchern. Die populäre, eher spielerische Variante, wie sie Zeitungen oder Zeitschriften präsentieren, rückt die astrologischen Gegebenheiten ins Bewusstsein der Leser, macht neugierig und bewegt den einen oder anderen dazu, sich näher damit zu befassen. Die Astrologie scheint ohnehin eine ausgesprochen volkstümliche Komponente zu haben. Ich bin immer wieder erstaunt, dass eigentlich jeder, egal, ob er sich mit ihr beschäftigt hat oder nicht, gleich mitreden kann. Er »weiß« etwas über den Widder, den Stier, den Zwilling oder die Jungfrau. Ich bin überzeugt, dass es diese Nähe zum Alltag und Normalen ist, die die Astrologie letztendlich unverwüstlich gemacht hat.

Ich habe Psychologie studiert und war zehn Jahre lang als Psychotherapeut aktiv. Mein Wechsel zur Astrologie geschah langsam und voller Skepsis. Wie jeder denkende Mensch ist auch mir ein Zusammenspiel von kosmischen Bewegungen und menschlichem Sein nahezu unvorstellbar. Aber ich wurde immer wieder eines Besseren belehrt: Es existieren Parallelen respektive Analogien zwischen »oben« und »unten«. Doch diese Verbindung ist nicht fest oder mechanisch. Es gibt Widersprüche, Ausnahmen, Irrungen und Verwirrungen. Jeder, der sich tiefer mit der Astrologie beschäftigt, betritt früher oder später einen Raum, der voller

Wunder, aber auch voller Rätsel ist. Aus einem Horoskop lassen sich unglaubliche Schlussfolgerungen ziehen, die zum Beispiel einem Psychologen – wenn überhaupt – erst nach langen Explorationen zugänglich werden. Ein Horoskop beleuchtet das Wesen eines Menschen, offenbart seine Herkunft, seine Stellung in der Welt und seine Zukunft. Dennoch steht man auch immer wieder vor Abweichungen und Ausnahmen.

»Astra inclinant, non necessitant«, zu Deutsch: »Die Sterne machen geneigt, doch sie zwingen nicht.« Dieses berühmte und beflügelnde Zitat, das Thomas von Aquin (1225–1274) zugeschrieben wird, hat mich immer bei meiner Arbeit begleitet. Heute würde ich es sogar folgendermaßen umformulieren: »Die Sterne lösen Rätsel und decken Geheimnisse auf. Aber sie schaffen auch viele neue.«